LAROIÊ!

coleção orixás

EXU

"O GUARDIÃO DA CASA DO FUTURO"

VAGNER GONÇALVES DA SILVA

RIO DE JANEIRO
1ª edição | 4ª reimpressão
2025

PALLAS

Editoras
Cristina Fernandes Warth
Mariana Warth

Produção editorial
Aron Balmas
Livia Cabrini

Preparação de originais
Eneida D. Gaspar

Revisão
Marina Vargas

Diagramação
Aron Balmas

Concepção gráfica de capa, miolo e ilustrações
Luciana Justiniani

Este livro segue as regras do Novo Acordo Ortográfico da Língua Portuguesa.

CIP-BRASIL. CATALOGAÇÃO-NA-FONTE
SINDICATO NACIONAL DOS EDITORES DE LIVROS, RJ

S579e

Silva, Vagner Gonçalves da
Exu : o guardião da casa do futuro / Vagner Gonçalves da Silva. - 1. ed. - Rio de Janeiro : Pallas, 2015.
232 p. ; 17 cm. (Orixás ; 9)

Inclui bibliografia
ISBN 978-85-347-0530-1

1. Deuses da umbanda. I. Título. II. Série.

15-24730

CDD: 299.67
CDU: 299.67

Pallas Editora e Distribuidora Ltda.
Rua Frederico de Albuquerque, 56 — Higienópolis
21050-840 — Rio de Janeiro — RJ
Tel./Fax: (21) 2270-0186
E-mail: pallas@pallaseditora.com.br
www.pallaseditora.com.br

SUMÁRIO

Apresentação

No final da década de 1990, a Editora Pallas deu início ao projeto de publicar uma coleção de livros sobre os orixás cultuados nas religiões afro-brasileiras. A ideia era apresentar de forma objetiva a riqueza e complexidade do universo dessas crenças, reunindo em cada volume os mitos do orixá abordado, de forma a dar ao leitor subsídios para compreender o papel da divindade no conjunto da cosmogonia africana e afro-brasileira. A obra também deveria abordar os fundamentos e preceitos, os símbolos e instrumentos do culto do orixá; descrever as características dos seus filhos e os aspectos mais relevantes do seu culto, como as cantigas, as danças, as folhas e as oferendas.

O projeto logo se mostrou um sucesso. Com a colaboração de estudiosos como Helena Theodoro, Cléo Martins, Luís Filipe de Lima, Ildásio Tavares e Nei Lopes, foram lançados, sucessivamente, os títulos *Euá*, *Iroco*, *Nanã*, *Iansã*, *Oxum*, *Obá*, *Xangô* e *Logunedé*.

Lançamos agora o livro *Exu*, do professor Vagner Gonçalves da Silva. Doutor em Antropologia e docente da pós-graduação em Antropologia Social da USP, Vagner tem uma vasta bagagem de pesquisas no campo da antropologia das populações afro-brasileiras. Um dos principais focos de seus estudos é o modo como as religiões afro-brasileiras participam da formação de uma identidade nacional, e ele tem atuado de várias formas na luta pela preservação do patrimônio material e imaterial ligado à herança africana no Brasil.

Entre os muitos trabalhos, artigos e livros que Vagner da Silva já produziu, um tema que se destaca é Exu. Assim, ninguém melhor do que ele para falar sobre o grande orixá dos caminhos nesta coleção. Mas seu texto difere um pouco daqueles escritos por sacerdotes que já visitaram esta coleção. Mais do que descrever a prática imediata que envolve fiéis e sacerdotes no culto ao orixá, Vagner reflete sobre os caminhos seguidos por Exu dentro das crenças, da cultura e das relações sociais que se constroem no Brasil.

Os editores

Agradecimentos

Dizem no candomblé que um filho de santo não escolhe seu orixá; é o orixá que escolhe o filho. Acho que o mesmo se aplica aos nossos temas de pesquisa, pois jamais pensei em estudar Exu ou mesmo publicar um livro sobre ele. Mas como este orixá é cheio das artimanhas e zombeteiro, vejo agora que também caí nos seus truques. Tudo começou quando resolvi organizar uma coletânea tratando dos impactos do neopentecostalismo no campo religioso afro-brasileiro e, para isso, elaborei um dossiê de casos de ataque das igrejas evangélicas a terreiros e seus adeptos. Como Exu ocupa um papel central neste processo, pois é visto como um demônio por estas igrejas, foi por meio dele que pude analisar as relações entre estes campos religiosos. Três anos depois da publicação dessa coletânea (SILVA, 2007), recebi um convite de um pesquisador nigeriano, que estava organizando um livro sobre Exu na África e nas Américas, para escrever um capítulo sobre o culto a esta entidade no Brasil. Aceitei, mas o projeto do livro não vingou e o "meu Exu" foi posto de lado diante de tantos outros compromissos de docência e pesquisa. Passaram-se dois anos e, como Exu nunca desiste, outro convite me chegou para escrever um ensaio que faria parte de um livro que reunia imagens sobre a estatuária deste orixá. Após a publicação do livro (SILVA, 2013), percebi, sem que eu mesmo tivesse me dado conta, que havia reunido, por diferentes caminhos, um conjunto de informações sobre Exu quase suficiente para um livro. Digo "quase" porque havia a necessidade de coletar e analisar a grande quantidade de mitos sobre Exu. Fizemos isso e finalmente o material resultante foi apresentado como tese de livre-docência na Faculdade de Filosofia, Letras e Ciências Humanas da Universidade de São Paulo, em 2013. O livro que o leitor agora tem em mãos é uma versão resumida de parte dessa tese intitulada *Exu, o senhor de muitos nomes.*

Muitos são, portanto, os nomes das pessoas e instituições a quem devo gratidão pela ajuda direta ou "indireta" na elaboração deste trabalho. Na impossibilidade de nominar a todos, agradeço de modo genérico, mas não menos intenso: aos membros da banca examinadora que avaliou o trabalho; aos professores, pesquisadores, orientandos de pós-graduação e alunos da graduação, pela troca de ideias sempre estimulante; ao Conselho Nacional de Desenvolvimento Científico e Tecnológico (CNPq), pelo financiamento da pesquisa; aos sacerdotes, ebomis, iaôs, ogãs e equedes, enfim, ao povo de santo com o qual tenho compartilhado o valor imensurável do legado afro-brasileiro.

Finalmente, homenageio aquele que nos ensina que todo caminho passa por uma encruzilhada e é nela que continuidades e mudanças se processam, pois é nela que reside a Casa do Futuro em cujo solo plantamos os fundamentos dos nossos antepassados e em cuja cumeeira penduramos o nosso presente. Que a Encruzilhada e o Guardião que a protege possam nos fazer perceber que escolher é o nosso destino, é o que nos torna livres, humanos e divinos.

LAROIÊ!

INA INA MOJUBA
(FOGO, FOGO, MEUS RESPEITOS)

Entre as divindades cultuadas pelas religiões afro-brasileiras, nenhuma tem provocado tanta polêmica quanto Exu. Por se tratar de uma entidade associada à sexualidade e à fertilidade, seu culto de origem africana, quando descoberto pelos europeus séculos atrás, foi alvo de preconceitos e mal-entendidos. Sua demonização foi inevitável, tanto na África quanto nas Américas, para onde seu culto foi trazido, preservado e transformado pelas comunidades africanas e seus descendentes, num diálogo intenso com a colonização católica de moral maniqueísta e as práticas indígenas locais.

Assim, para caracterizarmos adequadamente esta divindade e as múltiplas referências a ela associadas, o primeiro passo é considerar que seu culto não é homogêneo. Resulta de um longo processo de trocas, diálogos, negociações, imposições e resistência entre os sistemas religiosos africanos e os de origem cristã, como o catolicismo e, mais recentemente, o neopentecostalismo. Além disso, varia de acordo com o sistema religioso afro-brasileiro específico em que está inserido, como candomblé (em suas variantes jeje-nagô e angola), umbanda, quimbanda, jurema etc. Para muitos adeptos do candomblé, por exemplo, o Exu que a umbanda cultua seria um espírito de morto (egum) e não um orixá de origem africana. E para os adeptos do neopentecostalismo, o Exu, seja do candomblé seja da umbanda, é um demônio.

O segundo passo, portanto, e talvez o mais difícil, é tentar avaliar esta entidade suspendendo os juízos de valor derivados de nossas avaliações do mundo baseadas, em geral, no senso comum ou em valores do sistema de crenças do qual participamos. Certamente, do ponto de vista de uma religião, todas as outras podem estar "erradas", e só podemos escapar deste círculo vicioso se deslocarmos nosso olhar para o interior do outro sistema e tentarmos alcançar sua visão de mundo típica nos seus próprios termos. Por exemplo, chamar Exu de "divindade", "deus", "entidade" pode ser considerado "errado" para alguns devotos de outras denominações religiosas, considerando o que elas veem como "divindades" ou "deuses". Assim, a pergunta sobre se Exu (ou qualquer outra entidade afro-brasileira) é "deus" ou "demônio", "do bem" ou "do mal" só terá uma resposta válida se antes definirmos o que estes termos ("deus", "demônio", "bem" e "mal") significam para quem está perguntando. Ao estabelecermos este critério, veremos que a resposta já está dada de antemão no próprio sistema classificatório religioso de quem perguntou. Assim, para um sistema religioso que não se baseia nestas dicotomias, a pergunta sobre se Exu é "do bem" ou "do mal" deixa de ter sentido, pois a entidade não seria classificada a princípio por estes critérios. Como já se disse, aquele que crê em uma dada religião é ao mesmo tempo um ateu para as centenas de outras religiões que existem no mundo ou um herege, pois não acredita naquilo que a dada religião professa. Aliás, o próprio Exu nos ensina algo sobre isso. Um de seus mitos conta que um rei, desejoso de saber tudo o que os seus súditos faziam, adquiriu um bode de quatro olhos, dois na frente e dois na nuca, para que tudo visse e lhe contasse. Exu, para desafiar o rei e seu bode onipresente, vestiu-se com um chapéu de quatro cores e sorrateiramente golpeou uma das esposas reais. O bode então contou para o rei o ocorrido, descrevendo o golpeador como alguém de chapéu branco. Quando prenderam Exu, uma confusão se formou, pois não havia entendimento sobre se ele era culpado ou não, já que cada um via uma cor diferente do seu chapéu dependendo da posição que ocupava em relação a ele. O bode, envergonhado, admitiu o erro, e o rei aprendeu a lição de que mesmo ele não podia ver tudo o que acontecia ao seu redor. O mito termina assinalando que até o Sol, apesar de grande, pode ser obscurecido quando as nuvens passam entre ele e nossos olhos. Ou seja, cada grupo ou pessoa tem o seu ponto de vista e a verdade, ainda que seja uma só, pode ter vários lados (MAUPOIL, 1943, p. 190).

Neste livro, o que se propõe não é atingir "a verdade" sobre Exu, mas fornecer alguns lados ou pontos de vista por meio dos quais se poderia caracterizar seu culto no Brasil, principalmente no candomblé e na umbanda, as duas denominações mais conhecidas nacionalmente entre as religiões de origem africana. Neste sentido, longe de querer esgotar o tema, pretende-se apenas introduzir o leitor, por meio de uma sistematização escrita e, inevitavelmente, limitada e redutora, em um vasto universo mítico e religioso no qual a oralidade, a prática comunitária, o segredo ritual e as formas tradicionais de aquisição e transmissão de saber ainda desempenham grande papel.

1 Exu África Brasil

Exu, Legbá ou Elegbara são os nomes pelos quais é conhecida entre os atuais povos iorubás e fon-ewe, ambos da África Ocidental, a divindade mensageira, dinâmica, temida e respeitada, que deve ser saudada sempre em primeiro lugar para não atrair confusão ou vingança. Isto porque Exu pertence à categoria dos *tricksters*, que designa pessoas, divindades ou seres míticos que geralmente questionam, invertem ou quebram regras e comportamentos. Por isso Exu é também visto como trapaceiro, brincalhão, esperto ou malandro. É tido como o senhor dos processos de fertilidade e cultuado, sob a forma de um falo ereto, em altares públicos localizados na frente das casas, nos mercados e nas encruzilhadas. Quando seu culto foi "descoberto" pelos europeus, iniciou-se um processo no qual a divindade foi associada ao imaginário do mal, da desordem e da repressão sexual no período medieval (ao demônio cristão e muçulmano) e, posteriormente ao mundo pré-moderno (primitivo), ao imaginário das forças antagônicas da modernidade, entre as quais estava, sobretudo, o pensamento mágico presente nas religiões que não passaram pelo processo da secularização ou burocratização.

A associação entre o culto ao *falus* de Exu e o culto do diabo pode ser reveladora sobre esse processo. Os ritos pagãos, assim vistos e condenados pela Igreja Católica na Europa e entre os povos catequizados fora dela, incluíam as cerimônias de fertilidade, nas quais era comum o uso de emblemas associados aos órgãos sexuais masculinos e femininos. A denúncia pelo uso de báculos com ervas alucinógenas esfregados na boca ou na vagina levou muitas mulheres a serem acusadas de feitiçaria ou de cópula com o demônio. Por insondáveis caminhos do imaginário, a representação de um falo (posteriormente associado à vassoura) que as mulheres (acusadas de serem bruxas ou feiticeiras) usavam entre as pernas para saltar ou supostamente "voar" pelos campos, propiciando-lhes a fertilidade, encontrou sua correspondência no falo de Exu, que também era usado, segundo a mitologia iorubá, para que ele se transportasse ("voasse") para vários lugares instantaneamente. A condenação católica das divindades greco-romanas ou de outras origens associadas à sexualidade e à fertilidade, tidas como "falsos deuses" ou demônios disfarçados, foi reeditada na África com a descoberta deste "Príapo negro", cultuado com danças tidas como obscenas e repletas de gestos "extravagantes e diabólicos" (VERGER, 1999, p. 135). O explorador inglês A. B. Ellis, em fins do século XIX, assim descreve esta associação:

Legbá, Elegba or Lekpa é uma divindade fálica cujo culto se espalha por toda a Costa dos Escravos. O falo pode ser visto em todo lugar, em frente às casas, nas ruas e nos espaços públicos, às vezes sozinho, porém, frequentemente, em conexão com a imagem de Legbá, para quem o órgão é sagrado e cujo principal atributo é a excitação sexual [...] A imagem de Legbá é feita de barro vermelho e representa grosseiramente uma figura humana, geralmente masculina, raramente feminina, com frequência nua por inteiro. É sempre representado de cócoras e olhando para seu órgão sexual, que é extremamente desproporcional. [...] Quando feminina, a figura é provida de seios longos e pontudos e outros acessórios necessários [...] Bodes e galos são as oferendas consideradas mais aceitáveis para Legbá, por conta de suas disposições amorosas, e também os cachorros [...] Sonhos eróticos [...] são atribuídos a Legbá, que se supõe possuir o corpo da pessoa durante o

> sono. Nisto, talvez, tenhamos uma chave para as crenças em tais demônios noturnos atuando como íncubos e súcubos que perturbavam a paz das mentes de monges e freiras na Idade Média. (ELLIS, 1890, p. 41)

Ellis acrescenta em outra obra uma descrição dos ritos que envolviam o falo de Elegba:

> A rude representação de madeira do falo é fincada na terra do lado da cabana e é vista em quase todos os espaços públicos; por ocasião de certos festivais, é ornamentado e levado em cortejo com grande pompa e apontado na direção das jovens mulheres, que dançam ao redor dele. (ELLIS, 2007 [1894], p. 65)

O caráter erótico e o sacrifício de bodes, cães e porcos a Exu foram vistos como mais uma "evidência" de seu caráter demoníaco. Na Europa, esses animais estavam associados ao diabo, que era pintado nas gravuras como um ser antropomórfico (com chifres, rabo e patas de porco ou bode) ou um "cão negro". Ou seja, Exu "comia" (recebia em sacrifício) na África o sangue dos animais que "davam corpo" ao diabo na Europa. Um dos resultados desse círculo "vicioso" foi o uso do termo "Exu" como tradução da palavra "demônio", na versão iorubá da Bíblia, e "Iblis" e "Shaitan", na versão iorubá do alcorão (DOPAMU, 1990, p. 20). Segundo a tradição islâmica, Iblis é uma criatura feita de fogo e o principal espírito maligno (Shaitan), o que "justificaria" sua aproximação com Exu, tido em um dos seus epítetos iorubás como o "Senhor do Fogo" (Exu Ina). Também na língua portuguesa setecentista ocorreu esta "tradução". Na *Obra nova de língua geral de Mina*, de Antonio da Costa Peixoto, publicada em 1741 e escrita a partir da língua ewe falada pelos escravos no Brasil, o termo "Leba" é traduzido como "demônio" (PEIXOTO, 1943, p. 32). E esta tradução se mantém até hoje, inclusive na própria África. No *Dicionário yoruba-inglês* (Ibadan: University Press), o termo "elesù" (que se refere à pessoa que cultua ou foi consagrada a Exu) é traduzido para o inglês como "adorador do demônio", "possuído pelo demônio", "diabólico", "mau". A versão desse dicionário para o português seguiu a mesma tradução inglesa do termo.

Entretanto, a questão do pecado, do mal, ou da necessidade de um adversário do bem, é algo que diz respeito muito mais às religiões monoteístas. Onde há muitas divindades (politeísmo), não se pode ter um antagonista que se oponha a um "Deus" único, já que este não existe (LINK, 1998, p. 197). Daí a crítica ao emprego de termos como "demônio", "pecado", "mal" etc. para culturas nas quais estes conceitos não existem.

Esse processo de trocas, estendido para as Américas, ganhou novos interlocutores e uma complexidade ainda maior. Se, por um lado, o trabalho da conversão obrigatória resultara na demonização, por outro, certas características de Exu possibilitaram uma absorção do catolicismo segundo os princípios cosmológicos da mitologia africana de origem. Isso porque, ao contrário do que ocorre no protestantismo, a presença no catolicismo português e espanhol de agentes mediadores entre os homens e Deus, como anjos, santos e mártires, facilitou a compreensão de Exu em seu aspecto de mensageiro. Nesse sentido, Exu também foi associado aos santos cristãos e exaltado como mensageiro benfazejo. Em Cuba, foi relacionado ao maior mediador do catolicismo, Jesus Cristo, ou, mais precisamente, ao Menino Jesus de Atocha (CABRERA, 2004, p. 132). Afinal, segundo a teologia cristã, Jesus é ambiguamente humano e divino, o mensageiro por excelência de Deus, enviado ao mundo para salvar os homens. "Ninguém chega ao Pai senão por mim", proclamou Jesus, segundo os evangelhos (João, 14:6). Vale lembrar que em Cuba há uma tendência a diferenciar Exu de Eleguá ou Leguá. O primeiro seria uma versão mais associada ao perigo e ao mal, e o segundo seria a versão benfazeja da entidade. Eleguá é considerado um príncipe que se veste ricamente.

No Brasil, referência a Exu ou Legbá aparece em um documento do século XVIII, identificando-o com o demônio, como vimos. Na imprensa escrita da segunda metade do século XIX, essas referências aparecem, sobretudo, nas notícias de perseguição feitas pela polícia aos frequentadores dos templos religiosos afro-brasileiros, como no jornal *Alabama* (Salvador, Bahia). Em jornais dos anos 1930, estes frequentadores eram chamados pejorativamente de "fiéis de Exu" (FERNANDES, 1937, p. 14), o que demonstra a visão negativa que se tinha da entidade e de quem lhe prestava homenagens. Mas o lado benfazejo de Exu associado aos santos católicos também se verificou no Brasil, ainda que com menor intensidade em comparação a Cuba. Ele foi associado a São Bartolomeu (santo católico que também está associado a Oxumarê, orixá representado pelo arco-íris e que leva a água da terra para o céu), Santo Antônio, São Gabriel (anjo anunciador que traz as boas novas do céu aos homens), São Benedito (santo negro que deve sair em primeiro lugar nas processões para que não chova) e São Pedro (porteiro dos céus) (BASTIDE, 1978, p. 181; VALENTE, 1955, p. 126).

Em suma, Exu, quando abre os caminhos dos homens, compartilha com os santos católicos as qualidades tidas como "do bem". Mas quando lhes fecha os caminhos, ele é "do mal" e é comparado às legiões de demônios que impedem o acesso dos homens aos bens do céu. Mas se Exu pôde relativizar os conceitos do bem e do mal, sendo anjo ou demônio, o próprio diabo, que fora um anjo caído, pôde voltar a ser uma entidade do bem por meio das religiões afro-brasileiras. Por isso, o Exu-Demônio (uso o hífen como sinal desta leitura) nunca representa o mal absoluto.

Argumento que, por meio da linguagem dos demônios, santos e anjos católicos, expandem-se as versões africanas de Exu como o propulsor ou bloqueador dos caminhos, mostrando que essa demonização não é fruto apenas da agência católica colonial. Exu não "é" o diabo e o diabo não "é" Exu, mas ambos podem estabelecer relações que ampliam seus significados a partir do contato entre os sistemas culturais que os originaram.

No Brasil, Exu também se tornou um mediador entre as diversas denominações religiosas afro-brasileiras, e o "grau de demonização" de seu culto passou a ser um indício do "grau de pureza" aferido pelos adeptos e pesquisadores em seus embates por legitimidade nos campos religioso e acadêmico. Desde os primeiros relatos de Nina Rodrigues e Artur Ramos, vê-se que, quanto mais uma denominação religiosa aproxima Exu do Demônio, mais é considerada sincrética, "deturpada" e distante das heranças africanas tidas como "puras" ou legítimas. Nessa interpretação, os terreiros bantos (angolas, congos) e, sobretudo, a umbanda, por serem considerados mais suscetíveis à influência do catolicismo e do espiritismo kardecista, teriam sido os grandes responsáveis pela "decadência" de Exu, em contraste com os terreiros de tradição nagô-queto, nos quais Exu teria sido preservado em seu aspecto africano.

As religiões afro-brasileiras, ainda que possam ser classificadas por seus adeptos e analistas por meio de polos morais (bem *versus* mal ou direita *versus* esquerda) ou patrimoniais (preservação *versus* mistura), organizam-se num *continuum* de práticas a partir do qual cada terreiro elabora seus arranjos singulares nos quais o bem e o mal, o certo e o errado, a continuidade e a ruptura de tradições ocupam posições relativas e têm conteúdos intercambiáveis em função destas posições. E, considerando que a associação Exu-Demônio, assim como sua negação, está registrada nas etnografias sobre a tradição nagô desde o século XIX, esta demonização não parece ter sido uma característica exclusiva dos terreiros bantos ou da umbanda recente, embora muitos autores ainda hoje insistam nesta hipótese.

As iniciações para Exu, devido a esta "indefinição classificatória" (Exu estaria "acima do orixá" ou "abaixo do orixá"? Exu seria um "orixá", "quase-orixá", "não orixá", "escravo do orixá", "energia que não baixa" — não incorpora nas pessoas como os outros orixás —, "demônio", "anjo da guarda"?), continuam envolvidas em mistério, tornando-se pouco frequentes e sendo preferencialmente evitadas. Para muitos adeptos, ser "filho de Exu" é visto como um estigma, e em uma população que já carrega os estigmas da cor da pele e da pobreza, evita-se acrescentar mais este. Até mesmo porque Exu, em muitos terreiros, é sinônimo de espírito de morto (encosto) que, ao possuir o corpo de uma pessoa, tem de ser "despachado" (mandado embora). No candomblé, uma solução encontrada foi iniciar os filhos atribuídos a Exu para outro orixá que é tido como seu irmão: Ogum Xoroquê. Este orixá é um avatar de Ogum, divindade da guerra e do ferro forjado. Os dois irmãos compartilham, portanto, o domínio do fogo.

Juana Elbein afirma que:

> *Èsù Elegbára* é o companheiro inseparável de *Ògún*, a ponto de chegarem a confundir-se. No "terreiro", rituais especiais devem ser celebra-

> dos durante a iniciação dos *Ològún* — sacerdotes de *Ògún* — para evitar que *Èsù* se manifeste neles, o que ultrapassaria suas forças. Com efeito, nos "terreiros" tradicionais, *Èsù* não deve se manifestar. Princípio dinâmico e símbolo complexo que participa de tudo o que existe, sua força abstrata acompanha e só pode ser representada "por meio de" *Ògún*, que o representa. (SANTOS, 1977, p. 134)

De qualquer forma, mesmo que possa se manifestar nos seus filhos de santo, isso não faz de Exu menos temível ou inclassificável. Sua iniciação, em muitos casos, continua sendo evitada com o argumento de que ele é uma força incomensurável, a própria energia dinâmica da vida, que não poderia ser assentada na cabeça de um simples mortal sem causar danos a ele, como me afirmaram várias lideranças religiosas que não fazem iniciações para Exu em seus terreiros, entre eles o babalorixá e pesquisador Aulo Barretti Filho.

Roger Bastide menciona que havia poucas pessoas "feitas" (iniciadas) para Exu na época de suas pesquisas na Bahia e nota o quanto carregar este orixá na cabeça era visto como uma "condenação".

> Mas ao contrário das outras filhas de santo, tão orgulhosas de pertencerem aos seus patronos, estes filhos de Exu não se orgulham de sua sorte. [...] Em suma, o pequeno número de filhos de Exu, a diferença dos termos empregados para as crises de possessão dos Orixás e do Exu (queda no santo e carregar), a vida de sofrimentos das pessoas que têm por destino carregar Exu na cabeça, tudo é sinal do caráter diabólico que se prende a esta divindade. (BASTIDE, 1978, p. 175-176)

Bastide cita algumas filhas de Exu: "Maria, do candomblé de Mar Grande (ilha de Itaparica); o irmão de Pulquéria (de Gantois); Julia, do candomblé de Língua de Vaca, que era Exu Bii; Sofia, do candomblé de Ciríaco" (BASTIDE, 1978, p. 175-176).

Sofia, citada por ele, fora iniciada por volta de 1936 para Exu Mavambo no terreiro Tumba Junçara, de Pai Ciríaco, de tradição banto. O pesquisador Edison Carneiro (1948, p. 70) disse ser este o único caso de filha de Exu que ele conhecia na época. Segundo Pierre Verger e Roger Bastide, Sofia acreditava ter sido iniciada para o orixá errado, pois na verdade seria filha de Ogum. Morreu doente, achando-se vítima de uma vingança do seu "orixá verdadeiro" (BASTIDE, 1978, p. 175; VERGER, 1999, p. 132).

No Rio de Janeiro, um iniciado de Exu muito conhecido pelo povo de santo foi Djalma de Lalú (Djalma Souza Santos), iniciado por Tata Fomotinho, da tradição jeje. Conta-se que Djalma fora iniciado para Oxóssi, mas, na hora de este orixá pronunciar ou "dar o nome" no barracão, como é costume na festa de saída de iaô, quem se manifestou foi Exu Lalú, reivindicando a cabeça de seu filho.

Também no Rio de Janeiro foi iniciado por Seu Diniz de Oxum, da tradição efon, o ogã Gilberto de Exu. No final dos anos 1960, Gilberto migrou para São

Paulo, onde se tornou conhecido pela comunidade religiosa e carnavalesca, pois foi um dos fundadores do Afoxé Filhos da Coroa de Dadá (Omo Dada), responsável pela abertura do carnaval paulistano.

No batuque, nome da religião afro-brasileira no Rio Grande do Sul, tal como acontece em Cuba, há uma distinção entre o Bará (provável corruptela de Legbá ou Elegbara), associado a São Pedro e Santo Antônio, e Exu, associado ao mal. Esse termo é mais comum na umbanda e na linha cruzada. Bará manteve seu aspecto benfazejo e sua iniciação não é estigmatizada como no resto do país. Por isso há no batuque gaúcho um número maior de adeptos iniciados para este orixá. Em geral, são evitadas iniciações apenas para o Bará Lode e Ogum Avagã, considerados orixás da rua e assentados na entrada dos terreiros, em uma casinha de madeira pintada de vermelho. Estes orixás são tidos como "energias" muito pesadas para que um médium possa suportar (CORREA, 1992, p. 179). O Bará, ao incorporar em seus filhos, dança, fazendo gestos com a mão direita, como se segurasse uma chave entre os dedos polegar e indicador e abrisse com ela fechaduras (tal como São Pedro é retratado portando a chave dos céus). A homologia entre a função do Bará de abrir os caminhos na terra e a de São Pedro de abrir as portas do céu é evidente. Exu atuaria como porteiro do mundo, com seu porrete fálico enfeitado com cabaças, e São Pedro, como porteiro dos céus, carregando sua chave de ouro.

O polegar, o cachimbo e a flauta (e também o assobio), por sua relação com a boca de Exu, têm sido assinalados na literatura como elementos de conotação fálica. Em Cuba, essa relação entre Exu e o assobio também está presente. Lidia Cabrera (2012, p. 88) narra que uma mulher tinha o hábito de assobiar, apesar da reprimenda do marido, pois Eleguá é o dono do assobio, e assobiar é provocá-lo. Uma noite em que assobiava, Eleguá deu três assobios agudos no seu ouvido, o que a fez desmaiar. O marido teve de apaziguar o orixá, que queria levá-la para o outro mundo.

A ação de lideranças religiosas envolvidas com o processo de "reafricanização" e/ou "descatolicização" das tradições (SILVA, 1995), o intercâmbio entre sacerdotes brasileiros e africanos (inclusive por meio de viagens entre as duas margens do Atlântico) e a crescente divulgação da literatura sobre as religiões da África Ocidental ocorrida desde as últimas décadas do século XX têm influenciado a "recuperação" no Brasil do papel de intermediário de Exu, por meio de sua "reorixalização" (ênfase nos seus atributos de orixá), distanciando-o assim do imaginário cristão. Nesse processo, Exu passou de malévolo a malicioso; de entidade negativa, por sua suposta maldade, a entidade especial, pelo papel que desempenha como emissário do axé na cosmogonia sagrada.

Sobre o jeito de ser das pessoas consagradas a Exu, Claude Lepine, que estudou os estereótipos da personalidade associados aos orixás no candomblé nagô, faz uma descrição irretocável dos filhos de Exu.

O tipo Exu é robusto e incansável, cheio de contradições. É um grande amigo dos prazeres da vida; adora comer, beber, dançar, rir, fazer amor; é um sujeito animado, alegre, brincalhão, inteligente, vivo. Mas, principalmente quando bebe, adora divertir-se às custas do outro, contando mentiras e obscenidades; torna-se briguento, insolente, desordeiro, indesejável. É mal-educado, sujo, não paga suas dívidas, é cínico, manhoso e amoral. Entretanto, também é dado a fiscalizar a vida dos outros, que ele pretende manter no caminho certo da moral e dos bons costumes. Sendo venal, e tendo em vista o que vai ganhar, é capaz de realizar com sucesso qualquer tarefa, por mais difícil que seja; mas, se não lhe interessar, é capaz de fazer tudo errado de propósito. Nunca desanima, nem fica preocupado, seja lá com o que for; é prestativo, um excelente amigo, que resolve encrencas, brigas, problemas amorosos ou financeiros com extrema habilidade e costuma, por estas razões,

> ser muito querido e popular. Basta acrescentar que é um mulherengo contumaz e um amante fantástico. (LEPINE, 1981, p. 22)

Como se vê, os filhos de Exu se parecem muito com o "dono" de suas cabeças. Características da personalidade do orixá, como o gosto por desfrutar intensamente os prazeres da vida, a sensualidade e a contradição, são legadas aos seus filhos. Neste sentido, se o tipo alegre, fanfarrão, boêmio, malandro e dionisíaco está associado a Exu e se este tipo é uma espécie de "modelo ideal" quando se trata de definir o povo brasileiro e sua cultura, pode-se dizer que Exu é uma boa metáfora para se pensar a própria sociedade brasileira. Não é à toa que entidades da umbanda, como Zé Pilintra, ou personagens como Vadinho, do romance *Dona Flor e seus dois maridos,* Macunaíma, de Mário de Andrade, e Zé Carioca, de Walt Disney, foram criados, como veremos a seguir, com o objetivo de expressar um certo "espírito brasileiro" conhecido por sua jovialidade e alegria festiva...

2 | Exu Nomes Faces

Segundo relatos orais, Exu é aclamado como Alaketu, rei de Ketu. Pierre Verger (1999, p. 122) informa que

> No Daomé, segundo Bernard Maupoil [1943, p. 80], diz-se que [Exu] "era um homem que se tornou *Vodun* em Ijelu, na região de Ayo, a alguns dias de distância de Ile Ife, isto é, na Nigéria". Trata-se, sem dúvida, de Ijebu. Em Ijebu, segundo Onadele Epega [1931, cap. VII], dizem que ele foi posto no mundo, em Ile Ife, por *Oloja*,

e se teria tornado o primeiro rei de Ketu (*Ala Ketu*) e ancestral do primeiro rei dos *Egba*. Em Ile Ife, segundo Frobenius [1913, vol. I, p. 232], acredita-se que ele tenha vindo do leste; nessa localidade far-se-ia uma distinção entre *Esu*, cujo culto se praticaria sobretudo no Norte, e *Elegba*, a divindade fálica do Sul, com o qual *Esu* teria tendência a identificar-se. Segundo o padre Baudin [1884, p. 44], seu templo principal situa-se em Woro, perto de Badagris. Ellis [1894, p. 64], finalmente, indica que sua principal residência seria em Igbeti, em uma montanha perto do rio Niger, onde ele teria um palácio de cobre e numerosos servidores.

Como personagem mítico ou divinizado, entre os fon-iorubá Exu pode ser cultuado num pedaço de pedra (laterita), num montículo de terra em forma de cabeça humana (com olhos, nariz e boca feitos de búzios incrustados) do qual se projeta um falo (ogó) ou numa estátua antropomórfica enfeitada por fileiras de búzios e de cuja cabeça pende para trás uma trança ou crista em forma de pênis ou de uma lâmina de faca.

Descrições de assentamentos (representações materiais) de Exu no Brasil, publicadas a partir do final do século XIX, informam que este orixá era cultuado num bolo de argila amassada com sangue de aves, azeite de dendê e infusão de plantas, formando uma cabeça com os olhos e a boca feitos de búzios. Estátuas de madeira portando ogós e com cabeça em forma de falo também lhe eram dedicadas.

Imagens fotográficas de altares, assentamentos e peças de culto aos orixás começaram a aparecer somente a partir nos anos 1930, ilustrando as primeiras etnografias dedicadas ao "folclore negro" e à "religiosidade popular". Nestas imagens de peças, algumas provavelmente de origem africana, percebe-se a existência de um importante fluxo de importação de objetos rituais africanos para o Brasil e a influência dos estilos da arte religiosa originária do Golfo de Benin e praticada no Brasil.

As etnografias dos anos 1930 a 1960 revelam que os assentamentos feitos de argila em formato de cabeça aos poucos ganharam a forma de um corpo humano pela metade ou por inteiro.

Vale lembrar que esse diálogo também se manifesta nas cabeças feitas de cimento dos Exus (Eleguás) cubanos que exibem uma pequena haste pontiaguda (geralmente feita com um prego) saindo da testa.

A existência da faca ou pena na cabeça de Exu remete ao fato de ser ele um mensageiro especial que não deve levar fardos comuns sobre ela. Alguns mitos mencionam esse atributo. Num deles, Exu consulta o babalaô para saber o que deve fazer a fim de ter a primazia entre os orixás. Foi-lhe prescrito que sacrificasse o ecodidé (pássaro de penas avermelhadas) e que não levasse nada sobre a cabeça durante três meses. Ele fez o sacrifício e cumpriu o preceito. Nesse período, Olodumare, deus supremo, chamou todos os orixás à sua presença. Todos eles foram e levaram sobre a cabeça seus carregos (oferendas), exceto Exu, que levava apenas uma pena do ekodidé.

Ao ver que Exu cumprira o resguardo do sacrifício, Olodumare determinou que ele tivesse a primazia entre os demais orixás (SANTOS, 1977, p. 176-180).

Inúmeros mitos de Exu mostram a cabeça como parte central do corpo na produção e manutenção do axé (energia vital).

Outro mito narra que um sacerdote de Ifá perdeu todas as boas coisas que tinha. Exu recomenda a ele que revele os desejos de seu coração ao seu Ori (cabeça), que é o único que pode realizá-los e salvá-lo. O sacerdote confia no seu Ori e recupera assim as boas coisas perdidas (ABIMBOLA, 1976, p. 144).

Embora a cabeça seja a sede do culto de Exu, seus assentamentos também exibem estátuas representando-o de corpo inteiro. Inicialmente, eram de madeira esculpida, seguindo uma forte tradição na África Ocidental que nas Américas pouco se desenvolveu. No Brasil, a imagem de Exu com chifres, rabo e segurando um cetro em forma de lança em vez de cabaças ou ogô foi a que mais se popularizou, provavelmente a partir das primeiras décadas do século XX. Edison Carneiro publicou, em 1937, o que talvez seja a foto mais antiga de uma destas estátuas. Nessa foto, na lança de sete pontas (representando os sete caminhos), há um revólver pendurado. A presença desta arma de fogo pode indicar a função de guardião da ordem e dos espaços (uma espécie de policial), mas também de promotor da desordem, podendo estar relacionado ao mundo da rua, da criminalidade, da subversão e do perigo.

Com o passar do tempo, o corpo antropomórfico de Exu assumiu a forma cilíndrica, numa provável referência ao falo, e o cetro, a forma de um garfo de três pontas (tridente) para o Exu masculino e de duas pontas para a sua versão feminina, chamada de Pombagira. Vale lembrar que a versão feminina de Exu já existia na África Ocidental, e no Brasil era comum, durante as primeiras décadas do século XX, encontrar nos assentamentos de Exu uma boneca vestida de vermelho (CARNEIRO, 1937, fig. 6). Essas estátuas de Exu proliferaram nos terreiros, tornando-se as mais conhecidas dentro e fora da religião atualmente.

Muitos estudiosos e adeptos consideram que este cetro é influência do tridente, garfo ou arpéu das representações do diabo europeu. Seguindo as pistas de Mariano Carneiro da Cunha (1983), penso que este tridente, ainda que possa ter adquirido o significado do tridente diabólico, é também uma variação do "penteado" fálico de Exu e do chifre como sinal de força na tradição africana. Representações de Exus com forma humana, mas com chifres e rabos, também são encontrados na África Ocidental, ao menos desde a primeira metade do século XIX (PARRINDER, 1949, p. 81), estando associadas aos símbolos de poder e fecundidade.

Exu movimenta-se no tempo e no espaço rapidamente por meio do ogó que ele usa também para atrair objetos distantes (VERGER, 1999, p. 136). A encruzilhada, por ser o encontro dos caminhos, é um dos espaços preferenciais para a realização de suas oferendas. Na umbanda, costuma-se afirmar que as encruzilhadas em forma de "X" (com quatro pontas) são destinadas a Exu e as em "T" (com três pontas), à Pombagira.

A ênfase mítica na simbologia do falo e da vagina parece ter sido reelaborada nas formas geométricas do tridente e dos lugares de oferenda, cujas linhas aludem ao corpo humano em sua diferenciação por gênero. Na figura abaixo, apresento as variações dos garfos (de três e duas pontas) na primeira linha e das encruzilhadas (em forma de "X" e em "T") na segunda linha. Notem que elas estão de acordo com a variação dos corpos masculino e feminino na terceira linha.

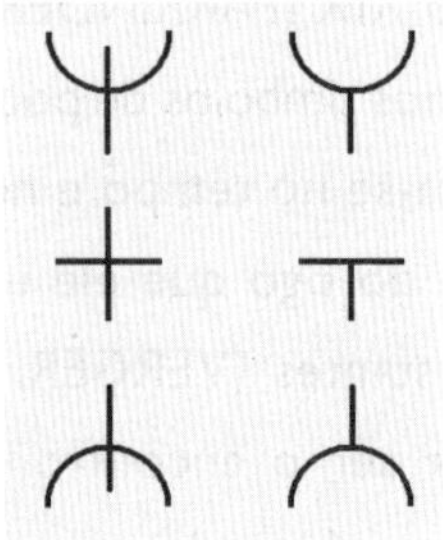

Pênis e chifres postos sobre a cabeça podem expressar, portanto, não apenas a subjugação católica de Exu ao Diabo, mas o encontro destas mitologias que utilizam a linguagem do baixo corporal e da presença ou ausência nele do falo nos mitos que vinculam poder, corpo, sexualidade e transformação.

Os garfos de pontas triplas ou duplas, por serem sínteses das ideias de encontro, transição, passagem e sexualidade, se tornaram potentes símbolos transnacionais do orixá, vistos em seus pontos riscados e ferramentas.

Os "pontos riscados" são emblemas elaborados pelos Exus para se identificarem quando incorporam em seus filhos, sobretudo nas sessões de umbanda. Normalmente os Exus riscam com um pedaço de giz (calcário) o seu ponto no chão e sobre ele acendem velas. Este ato, chamado de "firmar o ponto", visa a construir um centro de força para a realização de operações mágicas. Sobre este emblema, os Exus podem, por exemplo, queimar pólvora ou papéis contendo os pedidos escritos das pessoas. Seja qual for o objetivo, a forma do tridente fornece o padrão básico a partir do qual outras linhas são traçadas.

As ferramentas[1] poderiam ser vistas como uma versão em ferro dos motivos presentes nos desenhos dos pontos riscados. São feitas para compor os assentamentos da divindade cultuada em altares individuais ou coletivos.

As ferramentas expressam cosmologias complexas. Exu, enquanto intermediário, serve como força dinâmica dos próprios orixás e dos homens. Por esta razão, cada orixá ou ser humano tem um Exu que lhe serve, o que leva muitos adeptos a ver Exu como "criado" ou "escravo dos orixás".

Experiências sociais expressam-se nessas ferramentas por meio do cruzamento de cosmogonias e do compartilhamento de contextos históricos. A concepção de Exu como "diabo" e "escravo" é certamente tributária da visão católica sobre a religiosidade africana e a escravidão. E mais: a concepção de Exu relacionado ao mundo do trabalho,

1 Ferramenta é o nome pelo qual se conhecem os ferros de um determinado orixá que sintetizam seus atributos, como o arco e flecha para Oxóssi, o tridente para Exu etc.

geralmente do trabalho pesado, braçal, ou do "trabalho sujo" (feitiços relacionados ao mal), reflete um aspecto importante do imaginário brasileiro, no qual o trabalho braçal é visto como uma tarefa desqualificante, destinada preferencialmente às classes baixas, em geral às populações negras e pobres. Na condição de escravo, Exu é o "pau-mandado", o capataz, o serviçal, aquele que cumpre ordens. Porém, como marginal, ele é também potencialmente um sujeito da revolta e da insubordinação. Exu, tal como as classes subalternas, precisa ser contido, e sua força, controlada. Assim, cadeados são colocados nos assentamentos de Exu ou na porta da casa onde estão seus assentamentos para que, no movimento de abrir ou fechar destes cadeados, sua força seja liberada ou controlada. Alguns nomes pelos quais ele é conhecido, como "Exu Abre-Caminhos", "Exu Tranca-Ruas", "Exu Porteira" e, mais recentemente, "Exu Sete Cadeados", assim como referências ao seu poder de quebrar barreiras, presente no repertório dos cânticos de Exu na umbanda, como veremos adiante, enfatizam esta dimensão incontrolável da entidade.

No final do século XIX, com o fim da escravidão e o advento da República, a servidão que prendia o escravo à ordem senhorial foi formalmente abolida, dando lugar ao trabalho livre, que supostamente permitiria uma maior mobilidade social do trabalhador na nova ordem econômica e social. A umbanda, religião afro-brasileira de influência kardecista, nascida no âmbito dessa ideologia do progresso social nas primeiras décadas do século XX, traduziu para o plano espiritual os anseios de mobilidade das classes rurais e urbanas.

Assim, por influência da teoria de evolução espiritual kardecista, a umbanda organizou suas entidades em grupos ou "linhas", hierarquizando-as segundo estágios evolutivos. A categoria dos Exus representa então o degrau mais baixo dessa hierarquia, e dela fazem parte os espíritos condenados ao reino das trevas e das sombras porque na terra tiveram uma vida desregrada. São os bêbados, viciados, bandidos, malandros, contraventores, prostitutas, criminosos etc. Aquilo que Fernando Giobellina e Elda Martinez (1991) definiram como a "marginália sagrada". Nas sessões de umbanda, a função do culto a estes espíritos é promover sua evolução espiritual. Muitos inclusive conseguem evoluir, deixando a condição de "Exus pagãos" para se tornarem "Exus batizados". Aos Exus pode-se pedir, para si ou para os outros, sucesso ou fracasso, saúde ou doença, mas, em troca do atendimento, o consulente deverá dar-lhes oferendas como bebidas alcoólicas, charutos, sacrifícios de animais e dinheiro. Acima dos Exus, estão os caboclos e os pretos-velhos, que representam, respectivamente, os espíritos das populações indígenas brasileiras e africanas escravizadas. Estes espíritos, por terem tido uma vida na terra marcada pelo sofrimento e pela expiação, estariam em uma categoria intermediária, e geralmente só realizam trabalhos para o bem. Os orixás e os santos católicos situam-se nos patamares mais altos desta escala, que tem no topo a santíssima trindade do cristianismo.

Na ideologia religiosa da umbanda, o trabalho passou a ser uma palavra-chave. Não é sem razão que a principal missão da umbanda é trabalhar preferencialmente por meio do transe mediúnico que ocorre nas giras, em prol do progresso espiritual dos vivos (os médiuns e o público consulente) e dos mortos (espíritos desencarnados). Trabalho, de um lado, e caridade, de outro, seriam os caminhos para os homens e os espíritos desencarnados alcançarem novos estágios de desenvolvimento na terra (astral inferior) ou em outros níveis da existência (astral superior). Os Exus tornam-se personagens centrais nesse sistema, pois a possibilidade de sua mobilidade (do "Exu-Demônio" ou "Exu pagão" para o "Exu batizado") demonstra a eficácia simbólica do sistema ao capacitar os que se encontram no patamar mais baixo da ordem social ou mítica (o mundo das trevas, primitivismo ou escravidão) para ir para o mundo da luz, por meio do trabalho livre. O trabalho como ideologia do progresso material ou espiritual será uma das facetas que os Exus, na umbanda, sintetizarão como apanágio de um mundo em transformação.

A característica mais polêmica de Exu no Brasil é, portanto, aquela em que ele se apresenta como um ser saído do reino dos infernos, seja com nomes de possíveis avatares do Exu africano (Exu Tiriri, Exu Marabô, Exu Lodê etc.), seja assumindo os próprios nomes dos demônios mencionados na Bíblia (Exu Belzebu, Exu Lúcifer etc.). As estátuas de gesso destes Exus, encontradas em grande quantidade nos altares dos terreiros, são um bom exemplo deste imaginário. Essas estátuas reproduzem no Brasil contemporâneo uma confluência entre as representações do diabo presentes nas gravuras europeias da Idade Média e a visão europeia do Exu africano que foi elaborada desde a época do contato e atravessou o Atlântico em direção à América.

No século XX, por influência de um imaginário constituído por histórias de mistério, terror e até vampirismo, esses Exus passaram a expressar, por meio de suas imagens, o lúgubre e o macabro. Nas giras de Exu, que ocorrem nos terreiros geralmente por volta da meia-noite de segunda ou sexta-feira, é possível ver este imaginário em ação: Exus vestidos com cartola e capa preta, bebendo, fumando, soltando grunhidos amedrontadores e usando expressões que denotam o seu grau de evolução espiritual: quanto mais desbocados, ofensivos e obscenos, menos evoluídos demonstram ser. E, por isso mesmo, podem ser procurados pelos consulentes em busca de soluções radicais para seus problemas.

No candomblé de tradição fon-iorubá, Exu pode ser invocado sob inúmeros nomes ou avatares (também chamados de "qualidades", no Brasil, ou "caminhos", em Cuba). Mesmo sem haver consenso sobre alguns dos seus significados, pode-se dizer que estes nomes ou avatares fazem referência a epítetos, títulos, funções, atributos míticos, lugares, esfera de regência etc. Cada ser humano possui seu próprio Exu, chamado Exu Bara, o Senhor que traz movimento ao corpo. Os orixás também possuem seus Exus particulares, que são identificados em função desta relação. Conta um mito que, quando Olodumare enviou os orixás à terra (aiê), designou um Odu de Ifá (signo do destino) e um Exu para acompanhar cada um deles e ajudá-los em suas tarefas. Assim, é por meio do axé de Exu que os orixás dinamizam seu poder. Outro mito narra que Olodumare, ao criar o universo, deu a Exu Odara uma cópia do axé, da força divina, com a qual construiu o mundo. Exu seria também o senhor do agbára (poder neutro) e, nesta condição de Elegbára, é representado por uma cabaça que contém o poder de realização. Como Osije-Ebo, é ele quem transporta o carrego, o ebó. Na condição de Enugbagiro, representa a boca coletiva que tudo come e devolve ao orum. Exu é, assim, o vigia e líder dos orixás, a quem competiria abrir as portas do orum, o Olopá Orun, porteiro e mensageiro divino (SANTOS, SANTOS, 1971b; SANTOS, 1977; ABIMBOLA, 1975; VERGER, 1981; BARRETTI, 2010). Vejamos alguns destes nomes e atribuições:

- Exu Agba ou Oba – O Senhor Ancestral, Rei da Existência
- Exu Agbó ou Ologbó – Senhor do Ogó (Pênis), da Fertilidade
- Exu Agbage – Exu de Obatalá
- Exu Agbire – Exu de Oxum
- Exu Akessan – Senhor do Mercado, da Comunicação, das Trocas
- Exu Alafia – Senhor da Paz, do Bem-estar, da Satisfação
- Exu Alaketo – Senhor Rei de Ketu
- Exu Baba Shiguidi – Senhor da Vingança
- Exu Bara – Senhor do Corpo
- Exu Bara Baba Ebó – Senhor Pai do Ebó
- Exu Bode – Exu de Egungun
- Exu Elebo ou Eleru – Senhor das Dádivas, das Oferendas, dos Carregos
- Exu Elegbara – Senhor da Realização, da Transmutação, Exu de Ogum
- Exu Eleru – Senhor dos Ritos (eru)
- Exu Emere – Exu de Oxumare

- Exu Enugbarijo – Senhor da Boca Coletiva
- Exu Idena – Exu de Eteko (orixá)
- Exu Igba Keta – Senhor da Terceira Cabaça (aquele que foi criado em terceiro lugar)
- Exu Ijamu – Exu de Oxóssi
- Exu Ijelu ou Jelu – Senhor do Elu (planta que produz o waji, tintura azul de iniciação)
- Exu Ikagunda – Exu de Oranife (orixá)
- Exu Ilare – Exu de Ossaim
- Exu Ina(n) – Senhor do Fogo
- Exu Itoke – Exu de Nanã
- Exu Iwori Mejeeji – Exu de Iemanjá
- Exu Iworiwodi – Exu de Oko
- Exu Laalu – Senhor que vem e protege
- Exu Larôye – Senhor da Controvérsia, Senhor da Honra
- Exu Lonan ou Onã – Senhor dos Caminhos
- Exu Oba Baba Exu – Senhor Rei e Pai Coletivo dos Exus
- Exu Obara-Otua – Exu de Obaluaiê
- Exu Obasin – Exu de Odudua e Orunmila

- Exu Odara – Senhor da Beleza, da Felicidade, das Coisas Boas
- Exu Oduso – Senhor Vigia dos Odus
- Exu Ofun Meji – Exu de Oke
- Exu Okanran Meji – Exu de Xangô
- Exu Okoto – Senhor do Caracol
- Exu Olobé – Senhor da Faca
- Exu Olopá Orun – Senhor Porteiro do Orum
- Exu Olorun Sara – Exu de Oia
- Exu Orifin – Exu de Oro
- Exu Oro-Igi – Exu de Iroko
- Exu Orun ou Exu Nile Olodumare – Exu da casa de Olodumare, Exu de Oxaguiã
- Exu Osije-Ebo – Senhor do Transporte do Ebó, Senhor da Reparação
- Exu Oturu Ponwonrin – Exu de Obalufon
- Exu Tiriri – Senhor Valoroso
- Exu Yangi – Senhor da Laterita Vermelha

No candomblé de tradição banta (angola e congo), o correspondente ao orixá Exu é o inquice (Nkisi) conhecido como Aluvaiá, Gongobira, Bombojira, Pambojila, Unjira, Unjila, Nzila, Mavambo, Mavile, Jiramavambo, Pavenã, Mancuce, Quitungueiro, Caracoci, Cariapemba, entre outros nomes (CARNEIRO, 1937; SANTANA, 1984). Nesta nação ele também desempenha o papel de mensageiro divino, representado pela encruzilhada, de protetor das casas e intermediário entre os homens e o mundo dos ancestrais e outras divindades.

Na umbanda, os Exus que não se apresentam com nomes africanos ou de demônios cristãos permitem uma análise do diálogo entre as concepções com as quais entraram em contato. Não é necessário reproduzir aqui a grande e crescente quantidade e variedade destes nomes; basta citar alguns, como Exu Sete Encruzilhadas, Exu Porteira, Exu Tranca-Ruas, Exu Destranca-Ruas, Exu Catacumba, Exu Caveira, Exu Cemitério, Exu Lorde da Morte, Exu Matança, Exu Meia-Noite, Exu do Lodo, Exu Duas Cabeças, Exu Morcego, Exu Capa Preta, entre outros. Esses Exus "brasileiros" revelam a dinâmica dos processos cognitivos decorrentes da elaboração da cosmologia africana de Exu e do seu imaginário na diáspora afro-americana. Como se percebe, os nomes fazem referência a pontos de passagem ou limítrofes (encruzilhada, porteira, rua), a espaços ou estados de intercessão entre o mundo dos vivos e dos mortos (cemitério, catacumba, caveira), a estados intermediários entre a matéria sólida e líquida (lodo, lama), a estados intermediários de incidência de luz (sombra, madrugada), aos seres híbridos (meio humano, meio animal), à duplicidade e à alternância das coisas (duas cabeças, capa preta de um lado, mas vermelha do outro, como o barrete bicolor que Exu usa segundo seus mitos) e a mudanças dos períodos do tempo (meia-noite, alvorada). Sobre este último aspecto, o dia e o horário escolhidos para as sessões de Exu, segunda e sexta-feira à meia-noite, reafirmam esse simbolismo, pois trata-se de dias de passagem entre a jornada semanal de trabalho e o período de lazer do fim de semana (sexta-feira e segunda-feira) e horários de transição dos períodos (a meia-noite marca o fim de um dia e o começo de outro, e o meio-dia é o divisor que separa a manhã da tarde).

Os pontos cantados nas giras dos Exus e a forma pela qual se apresentam quando se manifestam no corpo dos seus filhos ou médiuns também permitem entender o que são estas divindades, o que regem e o que trazem ao mundo terreno.

Conforme indica o ponto abaixo (SANTOS, 2011), Exu pode ser uma entidade do bem e trabalhar por caridade e amor, buscando ajudar os homens. João Caveira, por exemplo, é um "espírito de luz", filho de Obaluaiê, orixá da saúde, que oferece seus serviços a quem necessitar. (Impossível não notar o curioso e aparente paradoxo entre sua condição de "caveira" ou de morto e a de promotor do bem-estar dos vivos).

Moço, vou lhe apresentar,
Vou lhe apresentar,
Um espírito de luz,
Para lhe ajudar,
Oi moço, vou lhe apresentar,

Vou lhe apresentar,
Um espírito de luz,
Para lhe ajudar.
Ele é João Caveira,
Ele é filho de Omolu,
Quem quiser falar com ele,
Alubandê, Exu.

(Ponto de Exu João Caveira)

O mesmo acontece com Exu Sete Encruzilhadas, que só "trabalha por amor e caridade":

A bananeira que eu plantei à meia-noite,
Foi Oxalá quem mandou,
Para Sete Encruzilhadas trabalhar,
E a caridade no mundo ele prestar.
Mas ele é Sete Encruzilhadas,
Ele é rei, sim, senhor,
Trabalha por caridade,
Trabalha só por amor.

(Ponto de Exu Sete Encruzilhadas)

Mas não é porque um Exu faz o bem que ele não pode fazer o mal, ou seja, atacar e fazer demandas (feitiços), em vez de proteger e ajudar, como proclama Exu Rei, o maioral.

Exu Rei é o maioral,
Exu Rei é o maioral,
Ele vem fazer o bem,
E também fazer o mal.
(Ponto de Exu Rei)

Exatamente por serem senhores das passagens, os Exus são muito requisitados para abrir caminhos, ajudar na ascensão material ou espiritual (pois moram na "ladeira"), "abrir porteira", "arrebentar portão de ferro", decidir que caminho seguir quando se está numa "encruzilhada da vida", ou vigiar uma pessoa e defendê-la contra seus inimigos; enfim, ajudar na passagem de uma situação negativa para uma situação positiva:

Exu pequenininho,
Dele não faça pouco,
Olha lá que ele é Exu,
Ele é o Exu do Lodo.
Oi Exu do Lodo,
Você não é brincadeira,
Exu do Lodo,
Você mora na ladeira,
A capa para Exu,
Que eu mandei fazer,
Não era para Exu,
É para Bará Lodê.
Oi a capa para Exu,
Que eu mandei fazer,
Oi não era para Exu,
É para Bará Lodê. (Bis)

(Ponto de Exu do Lodo)

Estava dormindo na beira do mar.
Quando as almas lhe chamaram pra trabalhar.
Acorda Tranca-Ruas, vai vigiar.

O inimigo está invadindo a porteira do curral.
Bota as mãos nas suas armas, vai guerrear.
Bota o inimigo pra fora, para nunca mais voltar.
(Ponto de Exu Tranca-Ruas)

Portão de ferro,
cadeado de madeira.
Quem manda no cemitério
é o Exu Porteira.
(Ponto de Exu Porteira)

Exu da Meia-Noite,
Exu da Encruzilhada,
No terreiro de umbanda,
Sem Exu não se faz nada.
Comigo ninguém pode,
Mas eu posso com tudo,
Na minha encruzilhada,
Eu sou Exu Veludo.
(Ponto de Exu Veludo)

Com Exu não se brinca
Exu é ganga de lá
Ele abre e tranca os caminhos
Exu é rei, é tatá
(Ponto de Exu)

Lá na encruza um bode preto
Deu um berro
Estourou portão de aço
Rebentou portão de ferro
(Ponto de Exu Porteira)

Lá na porteira
Eu deixei meu sentinela,
Eu deixei o Meia-Noite
Tomando conta da cancela.
(Ponto de saudação aos Exus)

Na cantiga a seguir, o caráter ambíguo de Exu é enaltecido, pois é desse mistério que a entidade retira sua força. Ele é anjo despejado do céu (caído), mas tem o ponto firme na tronqueira da Kalunga (que na tradição banta é o mundo de baixo ou dos antepassados). Ou seja, se do alto (o céu cristão?) ele foi expulso (talvez como diabo), soube encontrar sua força entre os mortos (antepassados africanos) para falar aos vivos.

Lalu era anjo do céu,
E do céu foi despejado.
Na tronqueira da Kalunga,
Tem seu ponto confirmado.
O seu ponto é firme, ele é Exu,
O seu ponto é firme, ele é Exu Lalu.

(Ponto de Exu Lalu)

O movimento e o mistério de Exu também se expressam quando ele é cantado como "tranca-ruas" que "abre a gira" e "corre o mundo".

O sino da igrejinha
Faz belém, blém... blóm...
Deu meia-noite,

o galo já cantou.
Seu Tranca-Ruas
que é o dono da gira,
Oi corre gira
que Ogum mandou.
Seu Tranca-Ruas
que é o dono da gira,
Segura a gira
que Ogum mandou.
(Ponto de Tranca-Ruas)

Ou quando afirma, por meio de um enigma, seu poder de vida e morte, de libertar ou confinar, ao fazer uma casa sem porta e sem janela (um caixão?) e procurar um morador para ela.

Exu fez uma casa,
Sem porteira e sem janela,
Ainda não achou,
Morador pra morar nela.
(Ponto de Tranca-Ruas)

Por fim, num interessante ponto (abaixo), Exu é saudado como aquele que traz em si a marca da própria formação do povo brasileiro: tem nome africano (Tiriri), é criado em Nazaré (cidade onde Jesus viveu), é filho de indígena brasileiro ("xavante") e neto de portugueses ("navegante"). E acaba sendo proclamado "rei".

Ele se chama Tiriri,
Se criou em Nazaré,
É filho de um xavante,
Neto de um navegante,
Rei Tiriri ele é.
É um rei é, é um rei é,
É um rei é, é um rei é.

(Ponto de Exu Tiriri)

Devido a esta condição de mediação entre distintos universos míticos e sociais, algumas imagens de Exu mostram-no como um "ser duplo" que traz em si as partes mediadas.

Entre os iorubás, Exu é uma entidade frequentemente masculina. Entretanto, conforme informa A. B. Ellis (1890, p. 41), Exu pode ser representado por uma figura *feminina, provida de seios longos e pontudos e outros acessórios necessários.*

Wande Abimbola (1975, p. 27) afirma que em alguns mitos é a mulher de Exu, chamada Agberu, quem tem a obrigação de coletar os sacrifícios e os entregar ao marido:

> A posição de Exu é central no sacrifício para a adivinhação de Ifá. Exu é o poder responsável por levar todos os sacrifícios para as divindades. Alguns mitos afirmam que a esposa de Exu, conhecida como Agberu (a coletora dos sacrifícios), é quem de fato aceita todos os sacrifícios e os entrega ao seu marido.

Esse caráter de duplo sexo, ou sem um sexo definido, foi interpretado por muitos autores (OGUNDIPE, 1978, p. 163; SANTOS, SANTOS, 1971b, p. 91) como uma característica de Exu que não se deixa restringir à divisão de gênero, ainda que sua sexualidade seja retratada visualmente por meio de um falo ereto. Entre os mitos encontrados, porém, apenas um descreve Exu como mulher (OGUNDIPE, 1978, p. 178). Segundo esta narrativa, Ifá nasce e os babalaôs profetizam que ele será muito conhecido e importante. Mas seu passatempo é ficar parado, vendo as pessoas passarem, e conversar com elas. Torna-se muito popular, pois sempre escuta a todos e tem conselhos ou opiniões a dar. Entretanto, não consegue aprender nenhuma profissão nem quer casar. Numa encruzilhada, encontra uma mulher bonita e intrigante, que causa inveja e, por isso, as pessoas passam a evitar o casal. Ifá cai no ostracismo. A mulher o leva para a floresta, onde lhe ensina o valor medicinal das plantas e como adivinhar com frutos de palmeira. Por gratidão, Ifá promete que, em todo sacrifício prescrito, ela deverá receber a primeira parte, e seu retrato deverá sempre estar no tabuleiro de adivinhação. Essa mulher é Exu.

No Brasil, Exu é também uma entidade masculina, porém a categoria dos Exus, sobretudo na umbanda, abriga inúmeras outras entidades, como baianos, ciganos, Zé Pilintra e Pombagira. Esta seria um *trickster* feminino que desafia a ordem patriarcal da sociedade brasileira por meio da não aceitação da subordinação da mulher aos papéis domésticos tradicionais de esposa e mãe. Embora ela possa também ser vista como mãe, é como "mulher da rua", e não "da casa", que a Pombagira assume o estereótipo da prostituta. Nesse sentido, seu poder decorre do domínio que manifesta sobre seu corpo e sua vontade, ainda que isso lhe custe uma reputação social estigmatizada. Ela se utiliza da diferença anatômica (pênis e vagina), associada ao sexo biológico (macho e fêmea) e aos papéis de gênero (masculino e feminino), para questionar por meio da jocosidade e da licenciosidade o poder social que instaura relações de dominação a partir destes marcadores sociais da diferença.

Essa diferença entre os corpos masculinos e femininos parece surgir por complementaridade e não por oposição (BARROS, 2010). A vagina encontra seu lugar no corpo feminino da mesma forma que o pênis que faz par com ela encontra seu lugar no corpo masculino, como lembra o mito a seguir.

Quando Mawu (ser supremo) criou as mulheres, não sabia onde colocar a vagina. Depois de muitas tentativas (na orelha, no nariz), fixou-a sobre as axilas, porém não era um bom lugar, pois seu cheiro ofendia o nariz e as mulheres passaram a levantar o braço para exibi-la. Exu, que nessa época também não tinha um sexo, resolveu ajudá-la. Após consultar Ifá e realizar o sacrifício necessário, recorreu à Minona. Esta recomendou que a vagina fosse colocada entre as pernas, e assim foi feito. Exu, por ter realizado o sacrifício, arroga-se desde então o direito de andar com o pênis adquirido à mostra, para que todos lembrem que foi ele quem ajudou a encontrar o lugar certo para a vagina (MAUPOIL, 1943, p. 507).

De qualquer modo, os Exus, segundo a iconografia das imagens umbandistas, são representações de homens de corpos viris, seminus, de cor de pele "marrom" e em muitos casos de fenótipo negro-africano e feição ameaçadora. Trata-se, sem dúvida, de representações associadas ao corpo do africano escravizado e de seus descendentes mestiços, vistos como seres dotados de uma sexualidade exacerbada. O mesmo se pode afirmar sobre a Pombagira, que representaria principalmente mulheres de comportamento moral ou sexual tido como reprovável. Quando incorporadas, manifestam gestos expansivos e eróticos, utilizam "palavrões" ou expressões jocosas e de duplo sentido, consomem bebida alcoólica e fumam. Este imaginário, em muitos casos, reproduz, no plano mítico, o poder de sedução atribuído às mulheres negras e mulatas, cuja sexualidade e erotização foram apanágios da visão deturpada impingida pela sociedade brasileira às mulheres africanas e posteriormente mestiças no regime escravocrata e no contexto urbano pós-abolição. Entretanto, quero enfatizar que, para além destes estereótipos, a livre expressão destes corpos diz respeito também à possibilidade de oposição à dominação pela aceitação inicial dos estereótipos, para em seguida usá-los a fim de criticar a ordem social que os gerou. A mulher feita prostituta "aceita" a prostituição para depois rir e escandalizar a sociedade que a gerou.

A demonização do Exu e a orixalização do demônio, ou suas mediações, expressariam, assim, as leituras recíprocas de universos culturais em contato, no contexto dos quais foi imputada aos corpos submetidos (o negro, a mulata) a responsabilidade pelo desejo despertado.

A mestiçagem não apenas gera seres "híbridos" biologicamente, mas também os faz "híbridos" culturalmente. Desejo, repulsa, fascínio pelo exótico e medo do feitiço eram alguns sentimentos que estes "corpos híbridos" passaram a despertar na sua condição simultânea de marginais sociais (como o Zé Pilintra e a Pombagira) e de reconhecidos agentes da transformação do mundo por meio de um suposto e privilegiado manuseio de "ferramentas mágicas". Imagens de seres "mistos" fornecem, portanto, uma boa metáfora de uma sociedade que se vê como resultante do trânsito transatlântico de corpos e culturas que modelaram um mundo unido e dividido, único e múltiplo. É, pois, na capacidade de interagir ou dividir, de provocar o consenso ou o dissenso, de juntar os opostos ou separar os pares, de obedecer ou subverter as regras, que Exu, em suas inúmeras faces, exprime o seu poder no Brasil.

3 | Exu Mitos Ritos

Quais são os temas recorrentes na mitologia fon--iorubá e afro-americana de Exu? Quais são seus significados socioestruturais? Considerando seu papel, sobretudo nos mitos de origem, Exu alude aos princípios fundadores da vida social, na medida em que compete a ele manipular e dinamizar os sistemas classificatórios que atribuem significados à vida dos homens em sociedade. Ou seja, os mitos de Exu parecem revelar os impasses e contradições da própria aquisição da cultura pelo homem, ocorrida com a elaboração dos sistemas sociais de trocas de bens, de aquisição da linguagem e de elaboração do parentesco, entre outros. Vejamos alguns destes aspectos.

COMPADRE DE EXU

No Brasil, Exu é cultuado no chão, geralmente na entrada dos terreiros, na forma de um assentamento coletivo ao ar livre e de assentamentos individuais privativos localizados em um cômodo isolado, cuja porta fica permanentemente trancada para restringir o acesso e também para que o deus *trickster*, segundo as diferentes crenças, não fuja e espalhe desordem pelo mundo (BASTIDE, 1978, p. 71). Como vimos, cadeados e chaves são mencionados em suas cantigas na umbanda e podem ser colocados nos seus assentamentos, em referência a essa força que precisa ser controlada. Exu também é assentado atrás da porta dos barracões, onde se realizam as festas públicas, ou dos pejis. Em ambos os casos, ele desempenha o papel de guardião e protetor da casa.

Da laterita (pedra) ao tridente fálico brasileiro, os assentamentos de Exu exibem diferentes arranjos destas concepções. Pode ser um monte de terra localizado na entrada do terreiro, sobre o qual se fazem as oferendas de sangue de animal (entre os quais, bodes, aves e ibi, espécie de caramujo), azeite de dendê, moedas etc.

Na África, de acordo com Maupoil (1943), o Exu da porta é uma proteção contra forças negativas vindas de fora, e o Exu dos aposentos, uma proteção contra possíveis ações maléficas originadas no interior do próprio grupo. No Brasil, estas funções foram associadas a diferentes graus de periculosidade. O Exu da entrada é considerado mais "maléfico" ou perigoso em relação ao dos aposentos, que é mais protetor, e por isso chamado de "compadre" (CARNEIRO, 1937, p. 42; BASTIDE, 1978, p. 180).

A dicotomia afro-brasileira do Exu de dentro (da casa) *versus* Exu de fora (do portão ou da rua) ou, nos termos da umbanda, Exu batizado *versus* Exu pagão, expressa, com metáforas de lugar (próximo-distante) e conversão (batizado-pagão), as dicotomias estudadas por Roberto DaMatta em sua análise sobre o caráter relacional da sociedade brasileira, na qual a "casa" (mundo das relações pessoais familiares) e a "rua" (mundo das relações impessoais dos cidadãos) são as duas instâncias ideais das relações sociais. "No fundo", diz ele, "vivemos numa sociedade onde existe uma espécie de combate entre o mundo público das leis universais e do mercado e o universo privado da família, dos compadres, parentes e amigos" (DAMATTA, 1985, p. 72).

Exu simboliza esta tensão presente nas relações de troca estabelecidas por meio das oferendas. Um aforismo popular recomenda "acender uma vela para Deus e outra para o Diabo" quando se precisa de ajuda a qualquer custo. Recomenda-se, entretanto, acender vela branca para Deus, preferencialmente no interior das igrejas e casas, e vela colorida (preta e/ou vermelha) para o "Diabo" preferencialmente em ruas, encruzilhadas e "cruzeiros" (local destinado ao culto das almas no cemitério).

Ou seja, não se trata de uma "confusão" de devoções, como se percebe pela escolha da cor da vela e do lugar adequado para acendê-la. A prescrição popular de não se acender vela colorida dentro de casa expressa os riscos de "misturar" estes dois campos de significado, "poluindo-os" pela aproximação perigosa entre lógicas universais e domésticas, públicas e privadas, noções legítimas e espúrias de sagrado. O Exu compadre é, portanto, aquele que pode ajudar em momentos de dificuldade porque é um "quase-parente" e está próximo da família e da casa. O "Exu do portão" seria, então, o conhecedor dos meandros das ruas, que atende aos pedidos sem julgamentos de valor, impessoalmente, seguindo a lei universalista das trocas, do "toma lá, dá cá". Faz o que lhe mandam em troca de dinheiro, cachaça, carne ou sacrifício de sangue, pois, afinal, "santo de casa não faz milagre".

Essas concepções também são observadas em outros pontos da diáspora africana. Em Cuba, o caráter dual entre o Exu da casa e o do portão expressa-se por meio do par Eleguá-Exu. Conforme explica Natália Aróstegui (1990, p. 36):

> O par Eleguá-Exu constitui a expressão mítica da relação inevitável entre o positivo e o negativo. Para os iorubás, a casa significa o refúgio por excelência, o lugar privilegiado contra as vicissitudes do destino. Em sua porta está Eleguá, marcando com sua presença a fronteira entre dois mundos: o interno, de segurança, e o externo, de perigo. Mas não pode haver segurança sem perigo, ou sossego sem preocupação, e, por isso, o par Exu-Eleguá é inseparável, apesar de sua oposição. Eleguá protege a casa e, quando nela aparecem os problemas, é porque Exu, o vagabundo, a invadiu. [Tradução minha]

A domesticação do Exu "perigoso", que vive no portão e deve ser mantido preso por cadeados, pode sugerir, assim, os riscos dessa "oposição indissolúvel" entre a potencial desordem e insegurança do mundo aberto das ruas e a potencial ordem e segurança do mundo da casa. Por isso, espera-se que o "Exu da porta" seja uma espécie de "sentinela" tomando conta da porteira, como vimos em um de seus pontos. Já o Exu-compadre sugeriria uma relação mais complexa, pois pode representar primordialmente a proteção dos de "dentro" contra os de "fora", mas, também, a proteção dos da casa em relação uns aos outros.

Enfim, o Exu que se deixa batizar e se torna compadre dos homens, mas ainda se mantém como ser da sexualidade ordenadora e desordenadora da família, da sociedade e da religião, transitando da rua para a casa e vice-versa, parece refletir no imaginário afro-brasileiro as várias dimensões destas lógicas que formam a "nação brasileira".

EXU ORDEM DESORDEM

Segundo Dennet (1910, p. 18), o mundo na tradição iorubá foi criado por uma mulher, Yemuhu (Odudua), e por um homem, Orixalá (Obaba Arugbo), que vieram à terra acompanhados de Ajajuno, uma pessoa que agia como mensageiro e chefe de guerra. Depois de criarem o mundo, se encantaram e viraram pedra. Essa narrativa ficou pouco conhecida. Coube a Leo Frobenius publicar, em 1913, a narrativa iorubá sobre a criação do mundo, segundo o formato que se tornou mais divulgado posteriormente. Nela aparecem três versões do mito. Na primeira e na segunda, Olorum encarrega Obatalá de criar o mundo, mas este se embriaga e a tarefa fica por conta de Odudua (agora um ser masculino). Na terceira versão, Olorum em pessoa vem à terra e cria o mundo a partir da cidade sagrada de Ilê Ifé (localizada na Nigéria atual). Pede para Exu sentar-se atrás dele, Ogum à sua direita, Oxalá à sua frente e os demais orixás ao seu redor. E planta no meio da ilha três palmeiras, por meio das quais os homens poderão conhecer o futuro. Eis o relato da primeira versão:

No início não havia terra. Havia apenas Okun (ou Olokun), o oceano, e a água se estendia sobre todas as coisas. Acima, havia Olorum, o orixá do céu, e Olokun, o orixá do mar, os quais eram contemporâneos. Eles continham (ou possuíam) tudo o que havia. Olorun tinha dois filhos. O primeiro chamava-se Orishalla (o mesmo que Otaballa, também chamado simplesmente de Orixá), e o mais jovem, Odudua. Olorun convocou Oxalá e deu-lhe um pouco de terra, uma galinha com cinco dedos (Adje--Alesse-manu) e disse-lhe: "Desça (ou: Vá para a terra) e faça terra sobre Okun." Oxalá foi. No caminho, encontrou vinho de palma e bebeu até embriagar-se e dormir. Olorun viu isso, chamou Odudua e disse-lhe: "Teu irmão (mais velho) se embriagou pelo caminho. Vá, você, pegue a areia e a galinha com cinco dedos e faça a terra sobre Okun." Odudua foi, tomou a areia, desceu e colocou-a sobre o mar. E colocou a galinha com cinco dedos sobre a areia. A galinha começou a

> ciscar e espalhar a areia, forçando a água para os lados. Ilê Ifê foi o local onde isto ocorreu e ao redor do qual, num primeiro momento, o mar ainda corria. Odudua governou a terra de Ilê Ifê como seu primeiro rei. (FROBENIUS, 1913, vol. I, p. 284, tradução minha)

As várias versões dos mitos de origem iorubá publicadas posteriormente apresentam, apesar das variações, uma síntese: a criação do mundo resultou da ação de um grupo de divindades primordiais que habitavam o orum (espaço paralelo e invisível) e estavam relacionadas à cor branca (funfun). Foi o ser supremo, Olodumare ou Olorum, quem criou primeiramente este grupo de divindades e o encarregou de criar tudo que existe. Entre estas divindades estavam Oduduá, criador do aiê ou espaço visível, Oxalá ou Obatalá, que após fracassar na criação do mundo recebeu de Olorum a tarefa de criar os homens, e Orunmilá, responsável pelo oráculo de Ifá ou do destino.

Em outra narrativa, publicada por Juana Elbein do Santos (1977, p. 58-59), Exu aparece como o primeiro ser criado (Yangui ou *Yangí*) ou um princípio de existência individualizada:

> Nos primórdios existia nada além de ar; Olorum era uma massa infinita de ar; quando começou a mover-se lentamente, a respirar, uma parte do ar transformou-se em massa de água, originando Oxalá, o grande Orixá-Funfun, orixá do branco. O ar e as águas moveram-se conjuntamente e uma parte deles mesmos se transformou em lama. Dessa lama originou-se uma bolha ou montículo, a primeira matéria dotada de forma, um rochedo avermelhado e lamacento. Olorum admirou aquela forma e soprou sobre o montículo, insuflando-lhe seu hálito e dando-lhe vida. Essa forma, a primeira dotada de existência individual, um rochedo de laterita, era Exu, ou melhor, o proto-Exu, Exu Yangi. [...] Exu é o primeiro nascido da exis-

tência e, como tal, o símbolo por excelência de elemento procriado.

Essa relação primordial entre Oxalá e Exu forneceu um dos princípios organizacionais do culto aos orixás no Brasil. O xirê, por exemplo, que é a sequência de louvação aos orixás durante as festas públicas ou cerimônias privadas, sempre se faz numa ordem que começa com Exu e termina com Oxalá. Também a distribuição espacial dos assentamentos dos orixás num terreiro respeita os atributos destes deuses, pois Oxalá está para o branco, o ar ou a água (frio, calmo), assim como Exu está para o vermelho, o preto e o fogo (quente, agitado). As pedras (otás ou ocutás) em que estes deuses são assentados representam sínteses destes atributos, pois, geralmente, as do primeiro deus são lisas e de cor branca (representando a ordem, o polido) e as do segundo são pretas ou avermelhadas e porosas (como a laterita), representando a própria transformação ou o movimento de ordem/desordem (o rústico).

Na tradição fon-ewe, explica-se a origem do mundo pela ação de Mawu-Lisa, o par primordial da criação, que teve cinco partos, dos quais nasceram os gêmeos Dada Zodji e Ananu; Sogbo; os gêmeos Agbe e Naéte; Aguê e Gu. Do sexto parto nasceu apenas o ar da atmosfera, que permitiu dar vida aos homens. Para os dois primeiros filhos, os pais deram o comando da terra. Para Sogbo foi dado o céu. Para os gêmeos seguintes foram reservados o mar e o controle da água. Aguê ficou com as matas, onde se tornou caçador. Para Gu, que havia nascido com uma espada no lugar da cabeça, foi dado o poder de produzir ferramentas e armas. Cada um recebeu uma linguagem própria, relativa ao seu respectivo domínio. Da sétima e última gestação nasceu Legbá, que por este motivo foi preterido, não recebendo nenhum domínio. Em compensação, foi-lhe permitido atuar sobre todos eles e representar Mawu sempre que necessário. A ele também foi destinado o papel de "tradutor" dos deuses e dos homens. Por isso todos devem se dirigir a Legbá em primeiro lugar, se quiserem ser entendidos (HERSKOVITS, 1938, v. 2, p. 129-131).

Este papel de tradutor possibilita a Exu exercer o que talvez seja a sua mais importante prerrogativa, desempenhada no culto de Ifá (Fá) ou do destino, pois teria sido ele quem teria trazido aos homens e aos deuses este culto, além de atuar como intermediário no recebimento das oferendas dos homens e sua entrega aos deuses.

Segundo o mito, Mawu, depois de criar o mundo, enviou emissários para ensinar aos homens a importância do culto. Os emissários disseram que cada pessoa tinha seu Fá (destino) e que este destino era conhecido somente por Legbá, o único que assistia Mawu em seu trabalho. Sabendo seu Fá, os homens poderiam saber como eles tinham sido feitos, qual deus deveriam cultuar, suas escolhas na terra e o que seria propício a eles fazer. Mawu diz a Legbá, a cada dia, quem deve viver ou morrer, ter boa ou má sorte e, querendo, Legbá pode mudar este destino. Com o tempo, entretanto, os homens esqueceram a importância de Legbá. Mawu enviou outros emissários, que ensinaram aos homens como jogar os caroços de palma e traçar oito linhas na terra para saber seu destino. Ensinaram também que era necessário cultuar Legbá num templo do lado de fora e na entrada de cada aldeia, da mesma forma que ele era cultuado na entrada da casa de Mawu no céu. E que Legbá deveria ser informado sempre em primeiro lugar sobre todos os desejos e atividades dos homens, pois assim como todos os rios caminham para o mar e os homens podem cultuar muitos deuses, deve-se reconhecer que foram Mawu e Legbá que deram a eles todos os deuses existentes (HERSKOVITS, 1938, v. 2, p. 203).

A explicação para este poder divinatório, além do fato de Legbá ter testemunhado a criação, é apresentada em outro mito. Fá habitava o topo de uma palmeira no céu, de onde via tudo com seus dezesseis olhos. Legbá, seu irmão, era encarregado de subir todos os dias para abrir-lhe os olhos. A mãe de Fá, Mawu, deu-lhe então a chave que abria as dezesseis portas da casa do futuro, e assim os homens, quando queriam saber sobre o futuro ou qual decisão tomar, podiam jogar os dezesseis caroços de palma, que abriam os olhos de Fá e as portas da casa do futuro. Num período de guerra e catástrofes na terra, Mawu enviou para cá os filhos de Fá, liderados por Legbá, para ensinarem aos homens o que havia por trás de cada porta da casa do futuro. Assim, os homens aprenderam os segredos do oráculo, passaram a viver melhor, e o culto de Fá se espalhou pelo mundo. Aqui se vê que os dezesseis olhos de Fá, as dezesseis portas da casa do futuro ou os filhos de Fá enviados referem-se aos dezesseis Odus principais (signos) do jogo do opele Ifá. Também no jogo de búzios são usados dezesseis búzios.

Na tradição fon-iorubá, Exu e Ifá ou Legbá e Fá são divindades inseparáveis, seja como amigos seja como inimigos. Na maioria dos mitos, é Exu quem ensina o oráculo de Ifá para Orunmilá (o deus adivinho), mas em outros é o contrário: Exu aprende com Orunmilá (CABRERA, 2012, p. 100).

A questão do sacrifício se coloca como uma razão e uma consequência da invenção do oráculo. Segundo a versão mais antiga já encontrada sobre a relação entre oráculo e sacrifício, publicada por Baudin (1885, p. 33-35), no princípio os humanos eram poucos e os orixás quase não recebiam sacrifícios, sendo obrigados a trabalhar. Ifá era pescador. Cansado e com fome, recorreu a Exu para saber como receber mais sacrifícios dos homens. Exu o aconselhou a recolher noz de cola do chefe dos homens (Orungan), pois por meio dela o ensinaria a prever o futuro. Ifá aprendeu e ensinou a Orungan, que, muito feliz, passou a retribuir a Ifá fazendo sacrifícios. Uma parte de todos os sacrifícios, porém, deveria ser reportado primeiramente a Exu. Em 1949, Frobenius (p. 228-230) publica uma versão mais complexa desse mito na qual, para acabar com a fome dos orixás, Exu perambula pela terra em busca de solução. Chega à casa de Orungan, que o aconselha a recolher dezesseis coquinhos da palmeira. Exu o faz, porém não sabe o que fazer com os coquinhos. Os macacos, então, o instruem a sair pelas dezesseis regiões do mundo recolhendo, em cada uma delas, um oráculo. Depois de obter os oráculos, Exu ensina aos homens como prever o futuro e saber a vontade dos deuses. Para evitar os infortúnios e alcançar a bonança, os homens voltam a sacrificar aos orixás.

Dada a importância da adivinhação e o *status* de quem a domina, os deuses entram constantemente em conflito pela posse e pelo conhecimento dos métodos de consultar o destino. Jogos de morte, intriga e sedução são verificados nas tramas míticas. Numa delas, Exu ensina a Ifá como adivinhar por meio do jogo de ikin (joga-se com coquinhos de dendezeiro que são manuseados de uma mão para a outra), e por isso este jogo se tornou muito importante, por fazer a comunicação entre os homens e os deuses. Os orixás da terra ficaram com inveja de Ifá, mas não podiam atacá-lo sem atrair a vingança de Exu. Um dia em que Exu viajou, os espíritos mandaram lepra para Orunmilá, que não morreu, mas perdeu os dedos e ficou impossibilitado de jogar. Exu então criou, substituindo o anterior, o jogo de opele, constituído por uma corrente na qual são presas oito metades de coco e que é atirada ao solo. Ifá podia, assim, manusear o jogo mesmo sem os dedos. Quando Exu deixou a terra, seu altar foi mantido em frente ao de Ifá (OGUNDIPE, 1978, v. 2, p. 100-101).

Em outra narrativa, Oxum dorme com Exu só para ter acesso ao jogo do opele (COURLANDER, 1973, p. 67-69). Até Iemanjá, esposa de Orunmilá, aproveita a ausência do marido, embriaga Exu, que ficara responsável por zelar pelo jogo, e se apodera dele (MARTINS, 2005, p. 128). Entretanto, como o acesso das divindades femininas ao opele Ifá é restrito, pois se trata de um jogo exclusivamente masculino, coube a elas um jogo "mais simples", de quatro ou dezesseis búzios, do qual Exu também é regente.

Outra importante prerrogativa de Exu é a de ser agente ou guardião dos destinos, dependendo da execução ou não dos sacrifícios necessários. Esse papel ele desempenha junto aos deuses, homens, animais, vegetais e até "seres fenomenológicos" da natureza, como o Chão e o Vento. Como guardião, participa das atividades, atribui qualidades, estabelece hierarquias, restringe ou amplia as atuações desses seres.

Entre os deuses, foi ele, por exemplo, o único a ficar ao lado de Oxalá por dezesseis anos e aprender o ofício de esculpir os homens. Oxalá designou-o, então, seu guardião e colocou-o na encruzilhada. Assim, todos que vão visitar Oxalá devem pagar um tributo a Exu, destinando a ele uma parte dos presentes levados para Oxalá (BASCOM, 1980, p. 101-102).

Na condição de agente, cabe a ele atribuir características que definirão os seres. Entre os animais, é Exu quem dá veneno às cobras para que se protejam dos homens que as maltratam; quem ensina a hiena a comer animais mortos, e por isso ela vive rindo; quem transforma a lebre em alimento para os homens; quem faz o cavalo ser mais importante do que a vaca, porém submisso ao homem; quem faz do bode e do galo animais sacrificiais por excelência; quem ajuda o gato a vencer o tigre e a se tornar animal doméstico, enquanto o tigre é condenado a viver na selva; quem transforma o cupim em rei e depois em comida para as pessoas; e finalmente quem dá patas em forma de sapato ao pato (MAUPOIL, 1943; ANGARICA, 1955; BASCOM, 1969; OGUNDIPE, 1978; IBIE, 1986; EPEGA, 1995; SÀLÁMÌ, RIBEIRO, 2011).

Entre os vegetais, é Exu quem faz do obi uma oferenda aos orixás; quem defende a árvore Iroco da inimizade dos outros vegetais e faz dele um deus; quem faz nascer cabelo branco nos filhos do algodão para que este possa se transformar em roupas para os homens; e também faz o inhame e o amendoim terem muitos filhos debaixo da terra (CABRERA, 1954; ABIMBOLA, 1976; IBIE, 1986; SÀLÁMÌ, RIBEIRO, 2011).

Entre os seres da natureza, o papel regulador de Exu garante o equilíbrio entre os domínios criados. Quando Olocum (Mar) se revoltou por ter sido "invadida" pela terra que a galinha de cinco dedos espalhou sobre suas águas, mandou grandes ondas, provocando inundações a fim de submergir a terra e tudo que nela florescia. Os homens procuraram, então, Exu, para que levasse um pedido de socorro ao céu, e foi graças a ele que Orunmilá usou seu poder para acalmar Olocum (COURLANDER, 1973, p. 21-22).

Muitas características dos orixás foram atribuídas por Exu, como o poder sobre o fogo de Xangô e Oiá. Reza a tradição que Xangô era o poderoso e temido rei de Oió. Não satisfeito, pediu a Exu uma magia capaz de aumentar ainda mais seu poder. Exu preparou-lhe uma poção encantada que faz fogo sair pela boca. A esposa de Xangô, Oiá, encarregada de buscar o preparado, experimentou-o e começou a lançar labaredas quando falava. Xangô, enfurecido, perseguiu a mulher, que fugiu enquanto ele atirava suas pedras de raio sobre ela. Finalmente, quando tomou a poção, ele não conseguiu controlar o fogo em sua boca, incendiando o palácio real e a cidade ao redor. Depois de tomarem essa poção, Oiá e Xangô se transformaram em orixás (COURLANDER, 1973, p. 79-82).

Em outro mito, Exu estabelece interditos aos orixás que não cumprem o sacrifício, como aconteceu com Obatalá, que deveria ter oferecido uma cabaça com sal para Exu, mas recusou-se a fazê-lo À noite, enquanto ele dormia, Exu pegou uma cabaça e a fixou nas costas dele. Quando Obatalá acordou, viu que estava corcunda. Disse então Exu a Obatalá: "Você se recusou a oferecer uma cabaça, por isso será corcunda. (E é por isso que existem corcundas até hoje.) Você se recusou a oferecer um pouco de sal, portanto, jamais poderá comê-lo. (Oxalá está proibido de comer comidas com sal)" (VERGER, 1995, p. 195).

Considerando essa ampla mitologia, que não será obviamente explorada aqui em todos os seus sentidos, podemos nos restringir a algumas questões: Quais seriam então os principais motivos que fazem de Exu o primaz, mensageiro e guardião por excelência? De onde vêm sua importância, sua fama, sua força e seu poder, que se retroalimentam? Verifico que a fonte deste poder ou destes papéis pode ser compreendida a partir de pelo menos cinco características, discutidas a seguir.

---

1) AS QUALIDADES INATAS DE EXU COMO AGENTE DA ORDEM

Além dos exemplos presentes nas narrativas anteriores, este aspecto fica evidente quando Exu ou Elegba vence os desafios propostos: ele é o único filho de Mawu capaz de dançar e tocar, ao mesmo tempo, um gongo, um sino, um tambor e uma flauta, e por isso tornou-se o chefe dos outros deuses (HERSKOVITS, 1938, v. 2, p. 257). Quando Olorum mandou chover os poderes na terra para que cada orixá pegasse o que pudesse e assim eles tivessem diferentes habilidades, foi Exu, que já era o mais ágil e forte e não temia empurrar ninguém, quem conseguiu apanhar a maior parte deles. Nesses casos, seus *dons inatos* se somam aos *dons adquiridos*. Como o feiticeiro de Lévi-Strauss (1970), ele vence e seduz porque é forte, e ele é forte porque vence e seduz.

2) A RELAÇÃO DE EXU COM O SISTEMA ORACULAR E SUA ATUAÇÃO COMO INTÉRPRETE

Como também vimos, foi graças a ele que o jogo de Ifá tornou-se o principal método para os homens saberem o futuro e os deuses receberem oferendas e serem alimentados. Mas no início eram os deuses que andavam famintos e precisavam de sacrifício dos homens para viver, e não o contrário. Exu é quem possui as chaves que abrem as dezesseis portas da casa do futuro, mas, sobretudo, é quem sabe que estar na encruzilhada significa estabelecer relações de ida e vinda, para cima, para baixo e para os lados esquerdo e direito, enfim, olhar o mundo também de ponta-cabeça. Ser intérprete, no sentido em que Exu o é, significa aceitar a parcialidade das visões das coisas e dos seres que entram em contato.

3) A REGÊNCIA DE EXU NAS TRANSFORMAÇÕES DO DESTINO

Os motivos que levam os deuses e homens a Exu se referem à transformação da vida, à possibilidade de alterar as condições desfavoráveis por meio do uso de sua força dinâmica. Estas condições podem envolver temas como saúde, doença, fortuna, riqueza, casamento, fertilidade, nascimento e morte, entre outros. A vida terrena (aiê) se reproduz como se o opele ifá (tabuleiro da adivinhação) fosse um espelho do que é (ou foi ou está sendo) a vida no orum. Consultar o oráculo, no qual Exu tem um papel fundamental, é buscar por uma solução dos problemas atuais baseada na solução encontrada para problemas semelhantes que ocorreram nos tempos míticos. Vejamos um mito exemplar desse "jogo de espelhos".

Na cidade de Olofim havia muitos problemas: as mulheres não engravidavam, havia intrigas, guerras, seca e fome. Orunmilá era adivinho de Olofim e, com seus ebós, ajudou a resolver todos estes problemas, porém ele mesmo continuava pobre. Exu, que era seu amigo, o aconselhou a ir chorar no palácio de Olofim. Exu então disse ao rei que um olho de Orunmilá estava lacrimejando sangue e o outro, água, e se esse sangue e essa água caíssem no solo, uma cidade desapareceria e seu rei morreria. Temeroso, o rei dá oito milhões de búzios a Orunmilá, mas ele nem tem uma casa onde guardar todo este dinheiro. Exu aconselha Orunmilá a chorar novamente no palácio e pede ao rei uma casa para Orunmilá poder guardar o dinheiro. O rei lhe dá uma casa com dezesseis quartos. Mas Orunmilá vivia sozinho nela. Novamente, sob a ameaça do choro, o rei é incitado a dar dezesseis esposas para Orunmilá. Mas nenhuma delas dá filhos a Orunmilá. O rei então aconselha Orunmilá a cultuar Ifá. Orunmilá oferece uma cabra para Ifá, torna-se pai de muitos filhos e desde então louva Exu (SÀLÁMÌ, RIBEIRO, 2011).

Os problemas da cidade são, em síntese, as desventuras humanas na terra resolvidas por Orunmilá. Entretanto, há na retribuição do rei a Orunmilá uma metáfora do próprio jogo de opele ifá com o qual o adivinho acessa a solução dos problemas.

Esse jogo consiste num colar com oito metades de coco. Quando suspenso pelo meio e atirado ao solo, o colar apresenta duas colunas de quatro cocos. Considerando a posição de queda destas metades (com a parte côncava para cima ou para baixo) é possível obter dezesseis combinações. Quando uma coluna é igual à outra, esses signos são chamados de odus principais. De certo modo, a quantidade de búzios recebida por Orunmilá faz referência aos oito cocos deste colar ("oito milhões"). A casa com dezesseis quartos faz referência ao próprio colar e ao opon ifá, tabuleiro que recebe as marcas destas quedas. As dezesseis esposas referem-se ao fato de que destes dezesseis odus principais é possível obter (eles "procriam") outras 240 combinações possíveis, chamadas de "odus filhos". Enfim, Orunmilá recebe como recompensa as dádivas terrenas (do aiê) numa quantidade (oito milhões, dezesseis quartos, dezesseis esposas) que referencia o jogo do opele por meio do qual ele teve acesso aos dons (saúde, fertilidade, riqueza, paz) trazidos do orum para a terra. E como manipulador deste oráculo, com o auxílio de Exu, ele agora pode propiciar o fluxo destas riquezas e dons do orum ao aiê e vice-versa.

Exu é também aquele que com astúcia e esperteza enfrenta a morte, chamada de Icu em inúmeros mitos. As três narrativas seguintes são esclarecedoras deste aspecto.

O agente da morte vem buscar Orunmilá e coloca o caixão em frente à sua casa. Orunmilá havia feito o sacrifício devido a Ifá. Exu, que estava lá, convence então o agente da morte a levar ratos e pássaros no lugar de Orunmilá. Quando o agente sai carregando na cabeça o caixão repleto destes animais, Exu joga-lhe uma maldição para que ele nunca mais possa colocar no chão o caixão, que fica grudado em sua cabeça (ABIMBOLA, 1976, p. 212-215). Vale lembrar que os ratos são dedicados a Exu e os pássaros da morte, às grandes mães feiticeiras. Neste sentido, Exu manipula e engana a morte com esses animais.

Orunmilá seduziu a esposa da Morte, que, como vingança, jurou matá-lo. Ao chegar perto da casa de Orunmilá, a Morte encontrou Exu, que a cumprimentou e serviu-lhe comida. Quando ela ficou sabendo que a comida era de Orunmilá, desistiu de sua vingança, pois não se pode comer a comida de uma pessoa e depois matá-la (ABIMBOLA, 1976, p. 190).

Todos os orixás estavam sobrecarregados com seus afazeres e Olofin precisava decidir quem cuidaria do destino dos homens. Chamou Orunmilá e Icu (Morte) para uma disputa: quem ficasse três dias sem se alimentar seria o vencedor; Exu seria o fiscal e juiz. Exu era amigo de Orunmilá e armou uma armadilha. Assou uma galinha e fingiu que ele e Orunmilá a estavam comendo. Entretanto, só Exu de fato comia; Orunmilá apenas sujava as mãos para fingir que comia. Icu, vendo isso, quis participar do banquete e, ao comer a galinha, perdeu a aposta. Orunmilá, vitorioso, tornou-se o orientador dos destinos dos seres humanos (MARTINS, 2005, p. 29).

Mudar o destino diante da morte talvez seja um dos temas mais intrigantes das histórias de Exu, pois sua estratégia é sempre tentar enganá-la. Entretanto, a Morte, com seus agentes, será sempre a vencedora no final. Nem o próprio Exu conseguiu mudar isso quando foi desafiado a um duelo com a Morte. Segundo o mito, isto se deu porque Icu não temia Exu e não concordava que ele ficasse molestando as pessoas impunemente. Exu, convencido do seu poder imbatível, aceitou o desafio. No dia da disputa, eles se enfrentaram lançando palavras de desafio um ao outro. A luta foi acirrada, mas Icu conseguiu retirar o porrete das mãos de Exu e ia matá-lo, quando Orunmilá interveio e salvou o amigo. Por isso hoje todos dizem: "Ninguém pode tirar a vida da Morte" (COURLANDER, 1973, p. 63-65).

4) AS QUALIDADES INATAS DE EXU COMO AGENTE DA DESORDEM

Este aspecto é a face mais conhecida de Exu, em função da popularidade que sua figura como *trickster* assumiu na mitologia transatlântica dos orixás. Nesse papel, cabe a ele, paradoxalmente, introduzir a instabilidade ou propiciar a mudança na mesma obra ou ordem que ele ajudara a criar. E o mito mais difundido de Exu sob este aspecto é o de sua ação para impedir que Obatalá cumprisse a missão de criar a terra. Voltemos, pois, aos tempos da criação, agora com a interferência de Exu:

> Quando Olórun decidiu criar a terra, chamou Obàtálà, entregou-lhe o "saco da existência", àpò ìwà, e deu-lhe as instruções necessárias para a realização da magna tarefa. Obàtálà reuniu todos os òrìsà e preparou-se, sem perda de tempo. De saída, encontrou-se com Odùa, que lhe disse que só o acompanharia após re-

alizar suas obrigações rituais. Já no òna-òrun, caminho, Obàtálà passou diante de Èsù. Este, o grande controlador e transportador de sacrifícios que domina os caminhos, perguntou-lhe se já tinha feito as oferendas propiciatórias. Sem se deter, Obàtálà respondeu-lhe que não tinha feito nada e seguiu seu caminho sem dar mais importância à questão. E foi assim que Èsù sentenciou que nada do que ele se propunha empreender seria realizado. Em efeito, enquanto Obàtálà seguia seu caminho, começou a ter sede. Passou perto de um rio, mas não parou. Passou por uma aldeia onde lhe ofereceram leite, mas ele não aceitou. Continuou andando. Sua sede aumentava e era insuportável. De repente, viu diante de si uma palmeira *Igi-Òpe* e, sem se pode conter, plantou no tronco da árvore seu cajado ritual, o opa-sóró, e bebeu a seiva (vinho de palmeira). Bebeu insaciavelmente até que suas forças o abandonaram, até perder os sentidos, e ficou estendido no meio

> do caminho. Nesse meio-tempo, Odùa, que foi consultar Ifá, fazia suas oferendas a Èsù. Seguindo os conselhos dos Babaláwos, ele trouxera cinco galinhas, das que têm cinco dedos em cada pata, cinco pombos, um camaleão, dois mil elos de cadeia e todos os outros elementos que acompanham o sacrifício. Èsù apanhou estes últimos e uma pena da cabeça de cada ave e devolveu a Odùa a cadeia, as aves e o camaleão vivos. Odùa consultou outra vez os Babaláwos, que lhe indicaram ser necessário, agora, efetuar um ebo, isto é, um sacrifício, aos pés de Olórun, de duzentos ìgbín, os caracóis que contêm o "sangue branco", "a água que apazigua", omí-èrò (SANTOS, 1977, p. 61).

Como se vê, Exu atrapalha Obatalá, que não fez sacrifício, propiciando a transferência de sua tarefa para Odua, que fez sacrifício. É Exu, inclusive, quem vai à frente, guiando o caminho dos orixás em direção à terra.

Esta versão do mito da criação foi publicada pela primeira vez (em português e até onde foi possível pesquisar) por Juana E. dos Santos (1976), que alega tê-la recolhido do "Itan igba-ndá àiyé, tal qual é revelada pelo odù-Ifá Òtúrúpòn-Ówónrín" (conjunto de textos oraculares, os quais não foi possível localizar). Foi reproduzida por inúmeros autores que escreveram sobre a mitologia africana e afro-americana, inclusive por Pierre Verger, que publicou duas versões para este mito: sem e com a interferência de Exu (respectivamente: VERGER, 1995, p. 191; e VERGER, 1980, p. 231; 1981, p. 252; 1985, p. 83-87). Entre 1910 e 2013, encontramos ao menos doze publicações nacionais e estrangeiras que reproduzem o mito da criação do mundo sem a interferência de Exu e, após a publicação do texto de 1976 acima, ao menos sete publicações seguiram esta versão, a qual, aliás, tem sido a mais divulgada na tradição oral do povo de santo atualmente.

Curioso é que, antes de Exu atrapalhar a criação do mundo na mitologia fon-iorubá, parece que ele já andava embriagando Obatalá e atrapalhando a criação dos homens na mitologia da santeria cubana. Um mito (ANGARICA, 1955, p. 72) narra que Obatalá recebe de Olofim grande poder para ajudá-lo na criação do mundo e dos seres, porém ele se torna prepotente e passa a tratar com desdém todos ao seu redor. Exu queixa-se para Olofim, que pune Obatalá desorganizando suas obras. Os homens que ele fabricava ficavam inacabados: pernas para um lado, cabeça para outro, e assim por diante. Exu, vendo Obatalá tão arrependido e abatido, intervém junto a Olofim, que perdoa o orixá e lhe restitui o poder de criação. Agradecido, Obatalá proclama que doravante, em tudo o que ele criar ou em que tiver de intervir, Exu terá a primazia.

Este caso exemplifica a existência de uma "rede mítica transatlântica", na qual as versões dos mitos dialogam entre si nos contextos locais e transnacionais, e que interliga países conectados religiosamente pelo culto às divindades africanas trazidas para as Américas, inicialmente devido à escravidão, mas, a partir do fim do século XIX, por conta das viagens entre as duas margens do Atlântico realizadas por religiosos, acadêmicos, artistas e outros mediadores desse processo (MATORY, 2005). Assim, parece que em certos mitos, quando "coisas erradas" acontecem sem a mão de Exu, uma nova versão do mito poderá trazer à tona este personagem, principalmente quando estas coisas estão relacionadas com a possibilidade de atuação de um personagem *trickster*. O livro *Lendas de Exu,* de Adilson Martins (2005), é um bom exemplo. Muitas narrativas foram coletadas de outras publicações nas quais não aparece a figura de Exu como o pivô das confusões. Pode-se evidentemente considerar que se trata de um processo de "fragmentação" anterior (em decorrência das condições da diáspora africana do passado) e de "reunificação" no presente da mitologia fon-iorubá (em decorrência da globalização da religião dos orixás e da crescente ação de "recuperação oracular" dos exegetas das tradições de Ifá, tanto na África como nas Américas).

Os mitos em que Exu garante a ordem são tão numerosos quanto aqueles em que sua ação é deletéria. Deve-se a ele, por exemplo, a separação entre o céu e a terra ocorrida na época em que estes domínios eram contíguos e os seres transitavam de um lado para o outro. Segundo a narrativa, Mawu vivia no céu, que estava pertinho da terra, o que permitia que ela vigiasse constantemente seu filho, Legbá. Para se livrar da vigilância da mãe, o orixá aconselha uma velha a jogar água suja para cima. Mawu, furiosa, vai deslocando o céu cada vez mais para longe da terra, deixando Legbá para trás, encarregando-o, porém, de reportar a ela, toda noite, tudo o que aconteceu durante o dia. Por isso, Legbá está em todo lugar (HERSKOVITS, 1938, v. 2, p. 224). Aqui vê-se que a poluição (água suja) representa a própria desordem, provocada por Legbá, que resulta na separação dos mundos e na retirada da divindade suprema da terra.

Não satisfeito com essa separação entre céu e terra (e mar), Exu ainda tentou fazer com que as coisas separadas trocassem de lugar, confundindo o dia com a noite, a terra com o mar. Segundo o mito, Olocum (Mar), Orum (Sol) e Oxu (Lua) tinham cada qual a sua morada no universo. Olocum vivia nas águas. Oxu vivia no céu, de onde saía toda noite e para onde voltava ao raiar do dia. Era quando então Orum se levantava de sua casa, só voltando ao cair da noite. Exu convenceu-os de que a morada de cada um era melhor do que a do outro e fez com que todos mudassem de casa. Quando Oxalá viu a Lua caminhar durante o dia, o Sol vagar à noite e o Mar habitar os montes e as matas da terra, ordenou que cada um voltasse para a morada que ele havia designado a eles. Xapanã, por ordem de Oxalá e com a ajuda de Orum, pune Exu, fustigando-o com seu xaxará (vassoura com a qual ele transmite a varíola). Exu banha-se no rio para aliviar-se de suas cicatrizes e, como vingança, determina que todos os homens que se lavarem naquelas águas se contaminem com a doença de Xapanã (FROBENIUS, 1913, v. 1, p. 236-240).

Novamente Exu usa a água poluída (agora com doenças) ou fora do seu lugar (não formando o mar, mas caminhando pela terra), a troca do dia pela noite e da luz pela escuridão para embaralhar a ordem das coisas criadas por Oxalá.

Roger Bastide (1978, p. 195), referindo-se a este mito, argumentou que, apesar de Exu ser apresentado como desordenador, este aspecto apenas enfatiza seu zelo pela ordem.

> Tais mitos tendem, pois, a confirmar a função de Exu como regulador do cosmos, aquele que abre as barreiras, que traça os caminhos. Em suma, como o deus da ordem. [...] Se, contrariamente à sua finalidade essencial, parece algumas vezes introduzir a desordem, as brigas, a desventura no mundo divino ou humano, isto não passa do reverso de um equilíbrio sobre o qual vela com tanto cuidado.

Entretanto, os mitos de Exu não me parecem voltados para a afirmação da ordem pelo seu avesso, mas sim para mostrar a força dinâmica do desequilíbrio ou até mesmo da contradição entre estes dois polos, pois a origem da ordem parece ser o caos, e o caos só o é em razão da existência da ordem.

Um famoso mito, provavelmente o mais conhecido de Exu nos dias atuais, ajuda a entender este aspecto. Exu, por inveja, quer provocar o desentendimento entre dois amigos inseparáveis, e passa entre eles vestindo um barrete de duas cores, uma de cada lado. Ao comentar sobre o barrete, os amigos não se entendem sobre a cor e começam a brigar, até que um deles quebra a cabeça do outro com um machado. Este mito foi publicado pela primeira vez em 1885 por Baudin (p. 51-52) e, tal como a própria cor do chapéu de Exu, possui um conjunto bem variado de versões (há pelo menos 24 publicações que o reproduzem de forma diferente).

De qualquer forma, embaralhando os critérios classificatórios (cor, posição, direção, ponto de vista etc.), Exu parece querer nos dizer que estes critérios são relativos e que ele pode dissipar ou instaurar confusão manipulando estas classificações. Gostaria, então, de aprofundar os aspectos ou condições das quais Exu se vale para provocar ou resolver conflitos e problemas relacionados ao mundo das classificações.

O primeiro aspecto decorre da sua condição de tradutor-intérprete. Exu provoca confusões por meio, sobretudo, da *fala* ou da *língua* (usada na comunicação como veículo de transmissão de verdades ou mentiras). No candomblé, a fofoca tem um papel importante como forma de controle moral e disseminação de informações (AMARAL, 2002). Cito duas narrativas que envolvem este aspecto. Na primeira, Oxalá pediu a Exu que lhe servisse, como refeição, a melhor coisa do mundo. Exu foi ao mercado, comprou língua bovina, preparou-a e deu ao orixá. Farto de tanto comer, Oxalá aprovou a escolha e, para o dia seguinte, solicitou que lhe fosse dada para comer a pior coisa do mundo. Novamente Exu preparou-lhe língua bovina. Oxalá não entendeu a repetição do prato até que ouviu a explicação de Exu: a língua pode ser boa ou ruim, dependendo do seu uso (MARTINS, 2005, p. 39). Em outro mito,

[Exu] foi procurar uma rainha abandonada já há algum tempo por seu marido e lhe disse: "Traga-me alguns fios da barba do rei e corte-os com esta faca. Eu lhe farei um amuleto que lhe trará de volta o seu marido." Em seguida, Exu foi à casa do filho da rainha, que era o príncipe herdeiro. Ele vivia numa residência situada fora dos limites do palácio do rei. O costume assim o determinava, a fim de prevenir toda tentativa de assassinato de um soberano por um príncipe impaciente por subir ao trono. "O rei vai partir para a guerra", disse-lhe ele, "e pede o seu comparecimento esta noite ao palácio, acompanhado de seus guerreiros." Finalmente, Exu foi ao rei e disse-lhe: "A rainha, magoada pela sua frieza, deseja matá-lo para se vingar. Cuidado esta noite." E a noite veio. O rei deitou-se, fingiu dormir e viu, logo depois, a rainha aproximar uma faca de sua garganta. O que ela queria era cortar um fio da barba do rei, mas ele julgou que desejava assassiná-lo.

> O rei desarmou-a e ambos lutaram, fazendo grande algazarra. O príncipe, que chegava ao palácio com seus guerreiros, escutou gritos nos aposentos do rei e correu para lá. Vendo o rei com uma faca na mão, o príncipe pensou que ele queria matar sua mãe. Por seu lado, o rei, ao ver o seu filho penetrar nos seus aposentos, no meio da noite, armado e seguido por seus guerreiros, acreditou que eles desejavam assassiná-lo. Gritou por socorro. A sua guarda acudiu e houve então uma grande luta, seguida de massacre generalizado. (VERGER, 1995, 1999, p. 125)

Neste último mito, Exu armou a intriga usando apenas a língua (afirmações), mas é significativo que a história se inicie com uma faca que ele entrega à esposa do rei para que ela corte um fio da barba do marido (e não do cabelo, talvez devido à proximidade da barba com o pescoço). O mito finaliza lembrando que tudo ocorreu porque o rei não fez sacrifícios a Exu, ou seja, não usou a faca para cortar o pescoço de algum animal votivo de Exu. Nesse caso, a língua pode ser vista metaforicamente como uma língua que "corta", ou "língua afiada", que provoca rupturas, dissensões ou movimento. A língua e a faca (usada no sacrifício) são, portanto, metáforas uma da outra. E ambas têm como sede a cabeça (a língua na boca e o "pênis-faca" que Exu usa no topo da cabeça). O mito gira, portanto, em torno da metáfora da cabeça: Exu pede um fio de barba que deve ser cortado com uma faca. A faca faz o príncipe achar que sua mãe será morta, e o rei acredita que o príncipe quer a coroa que ele carrega na cabeça.

O segundo aspecto é a utilização do fogo como meio recorrente da atuação de Exu. Mencionei seu epíteto de Exu Ina (Senhor do Fogo), e são inúmeros os mitos em que este elemento aparece. Exu provoca incêndios para punir quem não faz os sacrifícios (VERGER, 1995) ou cabe a ele dar para Xangô o fogo, roubado por Oiá. Um mito é exemplar de como Exu usa o fogo para mostrar ou expandir seu poder e tornar-se rei de Ijebu. Chegando a esta cidade, Exu se hospeda na casa de um rico mercador. Durante a noite, incendeia a casa sem que ninguém veja e reclama a perda de uma grande fortuna no incêndio. Não havendo na cidade riqueza suficiente para pagar o suposto prejuízo, o rei cede sua coroa a Exu e todos os habitantes tornam-se seus súditos (VERGER, 1999).

O terceiro aspecto, vinculado de certa forma ao anterior, refere-se ao uso dos alimentos (comidas e bebidas) que estão também relacionadas ao sacrifício, seja na forma do sangue que verte do animal sacrificado, seja na forma do corpo deste (a carne ou parte dela), que é servido em oferenda aos orixás. Vimos no mito da criação que é por meio da bebida que Exu atrapalha Obatalá na criação do mundo e dos homens. E a principal estratégia de Exu para enganar Icu (a morte) é fazê-la comer a comida de quem deseja matar, impedindo-a assim de levar adiante seu intento. Vários outros mitos abordam este aspecto. Quando recebeu as visitas de Exu,

Morte e Doença, Orunmilá nada tinha em casa para oferecer às visitas, mas sabia do risco que corria, então pediu à sua mulher que corresse ao mercado, vendesse seus pertences e comprasse comidas e bebidas para entreter seus visitantes. Da mesma forma, quando um homem estava sendo perseguido pelos espíritos da Morte, da Doença e Perda, Exu foi socorrê-lo colocando farinha de mandioca na boca destes espíritos, travando suas mandíbulas e causando-lhes a morte ou a doença (ABIMBOLA, 1976).

5) A RELAÇÃO DE EXU COM OS FUNDAMENTOS DA VIDA HUMANA: DAR, RECEBER E RETRIBUIR

A relação de Exu com a comida ou sua "fome" insaciável é um tema recorrente em sua mitologia. Em muitos terreiros se diz que ele é a "boca do mundo" ou que ele "come tudo o que a boca come". No Brasil, onde o verbo "comer" tem um duplo significado (o de se alimentar e o de manter relações sexuais), esse tema aparece duplamente, como fome por alimentos (representada pela boca onívora) e como apetite sexual (representada por seu caráter fálico). Na interpretação afro-brasileira deste tema, há uma aproximação mediada por Exu entre os sistemas de classificação alimentar e de parentesco. Dois mitos fornecem elementos importantes para analisarmos essa aproximação. No primeiro, publicado por Juana Elbein dos Santos (1971b, 1977), Orunmilá queria muito ter um filho e foi procurar Oxalá, mas este informou que ainda não havia acabado de criar os seres; havia apenas Exu, que ficava à porta de sua casa. Orunmilá insistiu e Oxalá então mandou que ele colocasse a mão sobre Exu, e prometeu que, quando voltasse à terra, sua mulher, Yébìírú, daria à luz. O menino que nasceu foi chamado Elegbará e veio ao mundo com uma grande fome. Sua primeira frase foi: "Mãe, mãe, eu quero comer preás." O pai foi à caça e trouxe inúmeros preás, que foram devorados avidamente pelo filho. No dia seguinte, Exu pediu peixes. Comeu então todos os peixes frescos, defumados e secos que o pai lhe serviu. No terceiro dia, pediu aves e comeu todas as espécies de aves que havia. Enquanto isso sua mãe cantava: "Visto que consegui ter um filho, o que acorda e usa duzentas vestimentas diferentes, Filho, continue a comer." No quarto dia, Exu quis comer carne e devorou todos os animais quadrúpedes ofertados: cachorros, porcos, cabras, ovelhas, cavalos etc. No quinto dia, ainda chorando de fome, Exu diz: "Mãe, mãe. Eu quero comê-la." A mãe, cantando "Filho, come, come. Filho, come, come", deixa-se devorar por ele. Orunmilá, aflito, consulta o babalaô, que recomenda que ele faça uma oferta de uma espada, um bode e 14 mil búzios. No sexto dia, quando Exu se volta para o pai querendo comê-lo, Orunmilá, com a espada na mão, sai em perseguição ao filho que foge. Quando ele é apanhado, Orunmilá o corta em 201 pedaços, os quais se transformam em Yangi (pedra), menos a ducentésima primeira parte que se transforma no próprio Exu, que se levanta e continua a correr. Orunmilá novamente captura o filho e o corta em 201 pedaços, dos quais duzentos se transformam em Yangui e o que restou se transforma em Exu, que continua a correr. Essa operação se sucedeu pelos nove oruns (céus), que vão sendo povoados de Yangi. A perseguição só tem fim quando, no último orum, Exu propõe um acordo. Orunmilá deixaria de persegui-lo e, em troca, todos os Yangi se transformariam em representantes de Exu na terra e executariam os trabalhos que Orunmilá desejasse, como se fossem seus filhos. Por fim, o orixá aceita devolver a própria mãe e tudo o que comera (SANTOS, 1971b, p. 31-49; 1977, p. 135-138).

Em outra versão deste mito, recolhida por Rita Amaral (2000, p. 1), a história se repete:

> Exu (filho primogênito de Iemanjá, a orixá dos mares, com Orunmilá, o ancião orixá da adivinhação, e irmão de Ogum, Xangô e Oxóssi), era voraz e insaciável. Conseguiu comer todos os animais da aldeia em que vivia. Depois disso, passou a comer as árvores, os pastos e tudo o que via até chegar ao mar. Orunmilá previu, então,

que Exu não pararia. Comeria os homens e tudo que estivesse à sua frente, chegando mesmo a comer o céu. Ordenou então a Ogum que contivesse o irmão a qualquer custo. Para conseguir isto, Ogum foi obrigado a matar Exu, a fim de preservar a terra criada por seu pai (Odudua) e os seres humanos. Mas depois da morte de Exu, a natureza, os pastos, as árvores, os rios, tudo começou a morrer também, pois sem Exu as águas não corriam, os ventos não sopravam, o sol não se punha, as sementes não germinavam, a vida ia se acabando por estase. Um babalaô (representante de Orunmilá na terra) alertou Orunmilá de que o espírito de Exu sentia fome e desejava ser saciado, ameaçando provocar também a discórdia entre os povos como vingança pelo que Orunmilá e Ogum lhe haviam feito. Orunmilá determinou, então, que em toda e qualquer oferenda que fosse feita pelos homens a um orixá houvesse uma parte substancial oferecida a Exu; e que esta parte lhe seria servida antes de qualquer um, orixá ou homem, comer, para que se mantivesse sempre satisfeito e assim possibilitasse a concórdia.

Esses dois mitos narram que Exu, por comer tudo indistintamente, do ponto de vista quantitativo e qualitativo, pôs em risco a sobrevivência do mundo e por isso foi sacrificado, condição que o tornou o zelador da ordem e garantia da comunicação. Nesse sentido, o mito nos fala, talvez, da necessidade humana de garantir as regras da reciprocidade e os significados da própria classificação que estão na base da constituição dos sistemas culturais. E o sacrifício desempenha um papel importante neste processo.

Ao comer tudo, Exu se torna apenas um tomador, pois recebe ou retira do mundo tudo o que deseja, sem retribuir (doador). Portanto, rompe o triângulo da dádiva ("dar-receber-retribuir"), um dos fundamentos da vida social (MAUSS, 1974).

No desenvolvimento do mito, sua punição por não manter o controle sobre sua fome (a "parte" querer comer o "todo") é ter seu próprio corpo dividido em inúmeras partes, que acabam por se transformar em "filhos" de Orunmilá, comprometidos em ajudá-lo na tarefa de realizar o destino dos homens na terra. Ou seja, de um ser que quer tudo para si (tomador), Exu se transforma em múltiplos seres cuja missão é fazer as oferendas circularem, tornando os homens doadores de oferendas aos deuses e estes, retribuidores de bênçãos aos homens. O mito narra inicialmente o nascimento de um deus que ameaçou a quebra da regra da vida e do mundo, e conclui com a edição de uma regra máxima (cláusula pétrea) à qual todas as outras devem se submeter. Estabelece-se que toda oferenda deve conter uma parte para Exu e que esta deve ser servida em primeiro lugar. O mito celebra assim o pacto final no qual Exu se torna o "sacrifício do sacrifício", isto é, a parte do sacrifício que é "sacrificada" para que os envolvidos, homens e deuses, nunca se esqueçam de que todo dom pressupõe um contradom, que tudo o que é ofertado e recebido deve ser retribuído.

PADÊ DE EXU

Exu sempre recebe uma parte das oferendas (sacrifícios) dedicadas aos outros orixás, mas ele pode ser diretamente saudado por meio de ritos próprios. O padê (ou Ipadê) é o seu rito mais conhecido. O termo iorubá *Ìpàdé* significa reunião ou encontro, demonstrando que o objetivo principal do rito é pedir a Exu que reúna ou propicie o encontro das partes que se acham separadas ou distantes: o leste do oeste, o norte do sul, a terra visível (aiê) da invisível (orum), os homens dos orixás, os vivos dos mortos.

Por este motivo, o padê é realizado no início da festa de candomblé, quando os orixás são chamados à terra por meio de música, dança, cantigas, louvações e toques dos tambores. O padê também é conhecido por "despacho de Exu", nome que pode ter um duplo sentido: enviar o orixá mensageiro para "correr o mundo" e voltar trazendo as energias distantes e benéficas para perto dos homens, inclusive chamando os orixás para comparecerem à festa, ou agradar Exu, para que este, satisfeito, não perturbe os trabalhos, dada sua personalidade zombeteira.

Há dois tipos de padê. O mais simples é realizado imediatamente antes do início da festa do orixá, possui uma duração menor e é público. No centro do barracão são depositados uma tigela com farinha de mandioca (farofa) branca e outra com farinha amarelada pela adição de azeite de dendê, um recipiente com bebida alcoólica (cachaça, gim etc.) e outro com água, uma vela acesa e alguma outra oferenda que se queira, como obi (noz de cola) ou acaçá (comida feita de milho branco, enrolada em forma triangular numa folha de bananeira). Começa-se o rito tocando e cantando para Exu, com os adeptos dançando em círculo ao redor das oferendas. Geralmente os ritmos executados são rápidos e agitados, como aguere, batá ligeiro, ilu ou vamunha (AMARAL, SILVA, 2014). As cantigas, em geral, reverenciam ("mojuba") os principais avatares de Exu: Ina, Agbo, Elegbara, Onã, Tiriri, Obé.

Ina, Ina é mojubá ê
É mojubá
Ina, Ina é mojubá

Exu Agbo
Agbo mojubá
Egbara Agbo
Agbo mojubá
Elegbara Exu Lonã

Bara Obebe
Tiriri Lonã
Exu Tiriri
Bara Obebe
Tiriri Lonã

Ao final das cantigas, o pai de santo designa dois ou três membros mais graduados ou previamente preparados para levar as oferendas até o portão do terreiro, de onde são atiradas em direção à rua, numa alusão à necessidade de Exu fazer a ponte entre os domínios de dentro e de fora, do terreiro e do mundo externo, das forças genéricas da natureza e das forças individualizadas que vão incorporar nos adeptos em forma de orixás. Após este ato, o xirê pode prosseguir com os cantos para os demais orixás, de Ogum a Oxalá.

O outro tipo de padê também é realizado no dia da festa de orixá, porém ocorre sempre ao final da tarde (crepúsculo). Tem uma duração maior e em geral é restrito aos membros do terreiro e alguns convidados mais próximos. As oferendas alimentares são praticamente as mesmas (farinha de mandioca, azeite de dendê, água, bebida alcoólica, sal, acaçá). Neste rito são invocados, além de Exu, alguns orixás associados à vida e à morte, os espíritos ancestrais (eguns) do terreiro (ou esas) e as Iyami Oxorongá que representam as ancestrais femininas ou grandes mães feiticeiras. Por se tratar de entidades potencialmente perigosas se não forem cultuadas adequadamente, este rito é executado de forma solene e compenetrada. É dirigido pelo babalorixá ou pela iyalaxé (mãe do axé) da casa, assessorados por duas mulheres: a iyadagan e a iyamoro.

A primeira é responsável por misturar as oferendas numa cabaça, mantendo-se de joelhos e com os cotovelos apoiados num apoti (pequeno banco). A segunda dança para Exu e leva as oferendas rapidamente para os locais onde serão depositados no terreiro. As oferendas de Iyami Oxorongá, por exemplo, podem ser depositadas num ajubó (altar) ao pé de uma jaqueira. A comunidade, durante todo o transcorrer do ato, deve ficar ajoelhada com a cabeça no chão em sinal de respeito. Somente ao final da cerimônia todos poderão se levantar e dançar com alegria, por saber que as oferendas foram entregues e as forças potencialmente perigosas, controladas. Este tipo de padê, em que Exu é homenageado ao lado de outras entidades, só é realizado em terreiros que possuem altares adequados às invocações (Egun, Iyami Oxorongá etc.).

Nos candomblés bantos (angola e congo), o ritual do padê possui basicamente a mesma estrutura do primeiro rito descrito anteriormente. Neste caso, entretanto, homenageia-se o inquice mensageiro desta nação, que também é referido nas cantigas por meio de seus inúmeros avatares: Mavambo, Apavenã, Bombogira, Aluvaiá, entre outros.

Ê mavile mavile
Mavambo
Recompenso ê ê ê
Recompenso a

Exu Apavenã
Exu Apavenã
Sua aldeia auê
Sua morada auê

Bombogira jamu kongue
Ará o rê rê
Bombogira jamu kongue
Ará o rê rê

Aluvaiá vem tomá xoxô
Aluvaiá vem tomá xoxô

Nesta tradição, após o despacho do padê na rua, executa-se a "limpeza" do ambiente com pemba (pó de giz branco), que é soprada nos quatro cantos do barracão do terreiro, ou ainda ateando fogo a um punhado de pólvora para que as chamas produzidas "queimem" as energias negativas:

O kipembê,
O kipembê ewiza
Kassange ewiza
D'angola
O kipembê
Samba d'angola

Pemba eu akassange apogondê
Pemba eu akassange apogondê
Pemba eu akassange apogondê
Oi kipembê

Além do padê, Exu é homenageado ou cultuado de diversas formas. Recebe oferendas de animais (galos, galinhas, bodes etc.) de cor escura, preferencialmente pretos. A ele também são ofertados carne crua, velas pretas e vermelhas, moedas e pimenta, além da farofa, da bebida alcoólica e do azeite de dendê já mencionados. Na umbanda costuma-se ainda oferecer-lhe fumo (charutos e cigarros) e alguns órgãos internos de animais, como fígado e coração, por estarem relacionados ao dinamismo do corpo e desempenharem funções vitais para a manutenção da vida. Já as Pombagiras preferem oferendas de bebidas doces (champanhe), flores e perfumes.

As folhas consagradas a Exu são aquelas consideradas "quentes" ou "folhas do fogo" (ewé inón), em geral urticantes, algumas ruinosas e provenientes de plantas que possuem acúleos (estruturas pontiagudas e rígidas) ou espinhos. Entre as folhas mais usuais estão: urtiga-branca, urtiga-vermelha, picão, perpétua, tiririca, alfavaca, corredeira, aroeira, beldroega, pau-de-cunanã, mamona e arruda. Algumas folhas ou plantas dedicadas a Exu fazem referência em seu nome aos seus elementos, cores ou mesmo ao imaginário cristão associado a este orixá: figo-do--inferno, palmatória-do-diabo, comigo-ninguém-pode, olho-de-gato, olho-de-cabra, arrebenta-cavalo (juá-vermelho), facheiro-preto, jurema-preta, folha-de-fogo etc. As folhas para Exu podem ser usadas de múltiplas formas, inteiras ou maceradas, em sacudimentos ou ebós (ritos de limpeza espiritual), ou em banhos e preparos (omi-ero, amaci, abô etc.).

Os locais públicos, além dos altares no interior dos terreiros onde suas oferendas podem ser depositadas, geralmente são encruzilhadas, cemitérios, estradas, mercados, pórticos e outros locais de passagem, reafirmando sua condição de mensageiro e mediador entre os mundos. Afinal, como dizem os africanos: ninguém vive sem passar por uma encruzilhada...

No Brasil, talvez o caso mais conhecido de culto público de Exu seja o do Mercado Público Municipal de Porto Alegre. Este mercado, para os praticantes do batuque (nome pelo qual o culto aos orixás é conhecido regionalmente), é um lugar sagrado, pois ali se encontra enterrado o assentamento do Bará (Exu) que teria sido feito, segundo uns, pelos africanos que construíram o mercado no século XIX, ou, segundo outros, por Príncipe Custódio, um nobre africano que se exilara em Porto Alegre no mesmo período. Reza a lenda que o príncipe exercia grande influência no meio religioso da época e também era amigo de políticos e membros da elite, inclusive do governador Borges de Medeiros, razão pela qual teria feito um assentamento de Bará no próprio palácio do governo, para protegê-lo. O assentamento do mercado foi feito no cruzamento das quatro alamedas internas que interligam as quatro portas de acesso, uma em cada face do quadrilátero formado pelo prédio. Dizem que cada porta do Mercado está dedicada a um orixá. A que ficava situada do lado do Rio Guaíba pertence a Iemanjá e Oxum, orixás das águas. A situada em frente ao corpo de bombeiros é dedicada a Ogum, orixá do fogo. A que dá acesso a uma antiga rua de meretrício é dedicada a Iansã, orixá da sensualidade. E a situada em frente à prefeitura é de Xangô, orixá que fora rei. No centro, Exu interliga todos estes domínios, ou melhor, faz a mediação entre os deuses do fogo (Iansã, Xangô e Ogum) e os da água (Iemanjá e Oxum). Havia, antigamente, um açougue com balcão circular situado no centro do cruzamento das alamedas, e era sob ele que os adeptos do batuque deixavam moedas para saudar Bará antes de comprarem os produtos religiosos nas lojas existentes no Mercado. Quando o edifício passou por uma reforma, nos anos 1990, o açougue foi removido e houve uma escavação no local onde deveria estar o assentamento de Exu, mas nada teria sido encontrado. Este fato, em si, não causou grande celeuma entre os religiosos, pois muitos alegaram que o assentamento de Bará, sendo de terra, com o tempo poderia ter se misturado ao próprio solo do Mercado. Hoje, neste local, foi colocada uma placa diferenciada de cerâmica para sinalizar a morada de Exu no solo. E sobre ela os guardas ou vigias do mercado costumam se posicionar para inspecionar, desse ponto de vista privilegiado, o fluxo das pessoas pelos quatro caminhos que ali se encontram e se separam. A história desse famoso Bará tem sido preservada e narrada inclusive pelo Centro de Memória do Mercado, instalado no local para receber turistas, visitantes e pesquisadores.

Por ter poucos filhos, as festas de iniciação (ou saída de iaô) para Exu no candomblé são sempre muito concorridas e assumem diversas formas de acordo com as interpretações desta entidade em cada terreiro. A forma de paramentá-lo nestes eventos é também bastante variável. Uma saída de iaô de Exu, ocorrida em 1981 no terreiro de mãe Aligoã (candomblé originário da umbanda), em São Paulo, foi assim descrita por um ex-membro desse terreiro:

> Em tal ambiente, o Exu era apenas a reprodução de séculos de mitologia cristã, isto é, era o próprio Belzebu, o Diabo. Em consequência, ao contrário de todo mundo, ele ficou recolhido no quarto de Exu e não no roncó, o erê era um exu-mirim, na tradição do diabinho. Na saída [de

iaô], ele foi vestido de brocado preto e vermelho; usava na mão um ridículo tridente e na cabeça um ainda mais ridículo adorno com chifres, uma espécie de chapéu. Outra coisa de que me lembro: apagaram quase todas as luzes na hora da saída, para dar um ar de inferno à casa, eu acho... Não me lembro se ele teve saída de Oxalá, a primeira saída de todo iaô, quando se usava branco total. O Oswaldo [nome do iniciado para Exu] morreria pouco depois, de infarto... ele fumava muito. Última coisa que me lembro: a saída foi concorridíssima, com muitos pais e mães de santo visitantes, e todos mortos de inveja de um tal Edmundo, o escolhido para tirar o nome do iaô. E o velho Justino, bisavô (de santo) de todo mundo, quando soube da saída, mandou carta da Bahia reclamando nesse tom: "Você tirou [iniciou] o Diabo e não mandou me chamar?"

Percebe-se que há um mistério na figura de Exu que atrai as pessoas exatamente porque ele pode ser muitas coisas ao mesmo tempo, inclusive uma inversão dos rituais. Vejamos algumas delas: o iaô de Exu ficou recolhido no quarto de Exu e não no roncó (quarto geralmente reservado para as iniciações aos demais orixás). O iniciado não teve a primeira saída pública dedicada a Oxalá, orixá da criação que se veste de branco e geralmente é o último a ser saudado na ordem de referência aos orixás. Oxalá tem como tabu a cor vermelha (de Exu) e geralmente não recebe em sacrifício o sangue de qualquer animal, apenas o do ibi, um caracol que tem o "sangue branco", nem oferendas com azeite de dendê e álcool. Ao contrário, Exu deve receber o sacrifício sempre em primeiro lugar, e entre suas oferendas prediletas estão o sangue, o azeite de dendê e o álcool. Como se vê, os pares Exu-Oxalá e Demônio-Jesus podem ser acionados para descrever as relações entre Exu e o Demônio. Além disso, na iniciação mencionada, o erê (espírito infantil que acompanha o orixá) era um Exu-mirim (entidade que se comporta como uma criança bastante travessa) e sua saída se fez no escuro (com as luzes do barracão apagadas), numa alusão às trevas e ao inferno. Curiosamente, o iaô morreria algum tempo depois, assinalando para os adeptos um destino marcado pelo vício.

Exu pode ser ainda paramentado com tiras de pano e correntes penduradas pelo corpo, numa concepção de Exu como "escravo do orixá" (aquele que obedece ou executa as tarefas dos orixás). Essa percepção pode se sobrepor ao imaginário do escravo acorrentado e simultaneamente ao poder que emana dele de quebrar estes grilhões e abrir os cadeados, ou mesmo de usar a força destes elos da corrente para impor seu poder de fechar portas e caminhos.

Hoje em dia, entretanto, é mais usual paramentá-lo com um gorro cônico, uma saia de tiras vermelhas e pretas, bordadas com búzios, e o bastão fálico na mão. O uso de indumentárias e insígnias que têm por base o rito africano tem sido comum nos terreiros que procuram uma concepção menos "abrasileirada" de Exu. A contribuição de pesquisadores (religiosos ou não) e artistas nesse processo de "reformatação" do rito não deve ser menosprezada, na medida em que, por meio de suas obras, divulgam imagens que vêm se tornando canônicas e promovendo indiretamente uma articulação entre práticas em âmbito regional, nacional ou internacional. Neste sentido, as fotos de Pierre Verger documentando o modo de paramentar Exu na África, têm servido de inspiração para muitos terreiros em suas iniciações para Exu.

Segundo me relatou Leonor, uma filha de Exu iniciada em São Paulo nos anos 1980, as formas de apresentá-lo variaram bastante. Ela própria teve seu Exu paramentado com tiras de pano e correntes. Mas hoje ele é paramentado da forma descrita anteriormente.

Outra inovação tem sido vestir Exu com tecidos e matérias-primas que não façam referência apenas à sua concepção "rústica" (a utilização de tecidos simples de algodão cru e palha-da-costa, por exemplo). Vê-se, nos barracões, Exus vestidos com roupas sofisticadas e luxuosas (com a utilização de rendas e tecidos brilhantes bordados com pedrarias). Esta indumentária aproxima-se da forma pela qual Eleguá é vestido segundo a santeria cubana, que o concebe como um "rico príncipe".

Esse processo transformativo também pode ser identificado nas danças e coreografias executadas por Exu. No terreiro de mãe Iya Sessu, em São Paulo, presenciei um filho de Exu incorporado que dançava segurando um bastão fálico erguido acima da cabeça, como se fosse um eixo em torno do qual seu corpo girava. Esse movimento de rotação era acompanhado por um movimento de translação em torno do centro do barracão, o ari-axé. Essa coreografia, conforme me foi dito posteriormente, mostrava que Exu é "senhor do círculo", que "voa" entre os espaços usando a força e o mistério deste báculo fálico. Nesse caso, os atributos míticos de Exu expressam-se por meio de uma nova linguagem gestual exibida no barracão além das coreografias mais conhecidas da dança do orixá. Rito e mito se complementam.

4 Exu Produto Nacional

Entre os símbolos ou ícones mais lembrados da cultura brasileira, dentro e fora do país, é inevitável citar, entre outros: samba, carnaval, futebol, feijoada, caipirinha, mulata, capoeira, candomblé etc. Estes símbolos têm, em geral, uma relação direta com a sociabilidade de origem negro-africana que tem no terreiro um centro irradiador fundamental.

Até as primeiras décadas do século XX, elementos associados à cultura negro-africana não eram vistos como legítimos para representar o Brasil: o samba era considerado música lasciva, a capoeira, uma expressão da violência física dos "negros malandros", e o candomblé e a umbanda eram tidos como feitiçaria, curandeirismo e "magia negra". Sambistas, capoeiristas e o povo de santo tiveram suas práticas criminalizadas e muitos sofreram com a fiscalização e repressão de seus ensaios, apresentações e festas religiosas. A feijoada nasce como comida associada negativamente ao escravo antes de ter seu *status* elevado à categoria de "prato nacional".

A passagem destes símbolos de origem negro-africana para símbolos nacionais glorificados pelo Estado e pelo povo em geral foi um processo de conflito e negociação ocorrido em vários contextos históricos, econômicos e políticos. No âmbito das classes populares e também das elites, esse compartilhamento de valores entre os diferentes grupos étnicos já existia, mas foi somente a partir dos anos 1930, sob o governo de Getúlio Vargas, época em que o Rio de Janeiro era a capital federal, que muitos destes símbolos urbanos compartilhados foram escolhidos e transformados para representar o Brasil. Nesse período, com a ajuda das políticas públicas, o Estado transformou oficialmente a capoeira em esporte nacional, apoiou os desfiles carnavalescos, e o samba foi destacado como a música de integração nacional. Mas isto não significou o fim dos conflitos (e das negociações), que se davam mais em termos de práticas locais do que por força de lei ou declarações do governo federal.

No exterior, Carmem Miranda ajudou a reforçar esta imagem cantando samba vestida de "baiana", um traje estilizado das mães de santo do candomblé. Também o famoso desenhista e criador Walt Disney, quando esteve no Rio de Janeiro na década de 1940, ficou seduzido pela imagem de um país que lhe pareceu festivo, exótico, sensual e amante das cores vivas e das comidas apimentadas. Produziu, para representar o Brasil, o "José Carioca" ou "Zé Carioca", um papagaio verde e amarelo, falante e alegre, porém preguiçoso e *expert* na arte de encontrar um "jeitinho" de sobreviver sem trabalhar — o próprio estereótipo do "malandro carioca" ou, mais precisamente, uma personificação ingênua do que seria este "malandro".

A umbanda que se desenvolvia nesse período, principalmente nas zonas urbanas do sudeste, também produziu uma versão religiosa deste malandro: o "Zé Pilintra", uma entidade da linha de Exu tida como boêmio, amante da noite e da rua. As semelhanças entre os dois "Josés" não se restringem, portanto, aos nomes de ambos usados em sua forma popular: "Zé". Seus sobrenomes também indicam uma genealogia comum. "Pilintra" (sujeito vaidoso e sem escrúpulos) pode estar relacionado com "Pilantra" (sujeito esperto e golpista), e "Carioca" é referência à pessoa natural do Rio de Janeiro, estado onde esse estereótipo do malandro teria se originado ou, ao menos, teria se popularizado em termos de divulgação nacional.

Na umbanda, o espírito desse "malandro divino" (AUGRAS, 1997; LIGIÉRO, 2004), quando se manifesta no corpo dos seus filhos, gosta de beber, cantar e cortejar as mulheres. Geralmente narra que, durante seu período na terra, ganhou a vida usando a malandragem como meio de sobrevivência; pode ter sido capoeirista, contraventor, cafetão ou mesmo ter vivido à custa de "mulheres direitas e casadas" que por ele se apaixonaram. Acabou morrendo de "morte matada": assassinado com faca, navalha ou tiro numa briga por mulher, dívida de jogo ou outro vício qualquer. Zé Pilintra, embora possa ter tido origem no catimbó nordestino, tornou-se famoso como uma espécie de "Exu urbano" das zonas portuárias e das áreas de meretrício, assim como as Pombagiras. Veste-se de modo formal, de "paletó e gravata", como era moda nas primeiras décadas do século XX. O paletó, as calças e os sapatos brancos contrastam, entretanto, com a gravata e o lenço vermelhos. O contraste das cores nos faz pensar na convivência, em sua imagem, da ordem e da desordem. Sua vestimenta impecável seria uma forma de ludibriar sua condição de marginal social e chamar atenção para si como sujeito que não tem propriamente um lugar na estrutura excludente da sociedade brasileira.

Num terreiro de umbanda de São Paulo, para enfatizar a relação da entidade com a malandragem, a gira de Zé Pilintra, chamada de "gira dos malandros", assumiu uma forma inusitada. Mesinhas e cadeiras como as que encontramos em bares ou botecos populares são colocadas no barracão do terreiro e os Zés Pilintras, quando incorporados, sentam-se ao redor das mesas, bebem (geralmente cerveja ou pinga) e comem petiscos enquanto dão consultas espirituais ao público. Durante a gira, pontos de umbanda dedicados à entidade se misturam às músicas, tocadas em aparelhos de áudio, de pagodeiros e sambistas que fazem referência ao mundo da malandragem ou da religião, como Bezerra da Silva cantando seu sucesso "Malandro é malandro e Mané é Mané" (NEGUINHO, 2000), cuja letra diz:

[...]
Malandro é o cara que sabe das coisas
Malandro é aquele que sabe o que quer
Malandro é o cara que tá com dinheiro

[...]
Malandro de fato é um cara maneiro
E não se amarra em uma só mulher
[...]
Mané é um homem desconsiderado
E da vida ele tem muito que aprender

O malandro Zé Pilintra é, portanto, o oposto do Zé Mané, pois "sabe das coisas", tem dinheiro, mulheres, aprendeu com a vida e tem sua moral. Curioso é que o termo "moral" aqui significa uma conduta adequada a um estilo de sobrevivência adaptado às reais condições da vida. Ou seja, malandro é o que aprende com estas condições adversas e retira o máximo das poucas oportunidades, visando a sua ascensão social ou ao menos à obtenção de prestígio entre seus iguais.

Em muitos outros terreiros, sobretudo de umbanda, é possível assistir a giras de Exu em que os pontos são cantados ao ritmo do samba, alguns inclusive no estilo de sambas-enredos. A tríade "samba, malandro e Exu" (especialmente na linha Zé Pilintra) é, portanto, algo que se manifesta explicitamente no imaginário da umbanda e do candomblé. Em Olinda, o terreiro de Pai Edu, Palácio de Iemanjá, é também sede da "Escola do Zé". Trata-se de uma escola de samba fundada pelo pai de santo em homenagem ao seu Zé Pilintra.

Esta semelhança certamente nos reconduz à própria origem do samba como estilo derivado da musicalidade de terreiro que marcou o desenvolvimento em geral da música popular brasileira (AMARAL; SILVA, 2004). Desde os anos 1910, os primeiros sambas gravados já faziam referência ao feitiço, ao despacho e à farofa, elementos, entre outros, associados a Exu. Em 1915, o cantor Baiano gravou "Farofa" (TELES, 1915), numa clara alusão ao prato preferido desta entidade:

[...]
De fazer uma farofa
Misturada com dendê

[...]

Mas é preciso levar pimenta, gordura e etc.

[...]

Uma vez eu fui me confessar
E o padre Chico perguntou
Porque é que eu andava tão endiabrado
Eu disse a ele: não sei, seu padre,
Talvez seja por causa de umas farofinhas
Que eu ando comendo por aí.

[...]

Esta é a farofa misturada
Muita força à gente dá,
Faz ficar endiabrado
E é comida com vatapá.
Imagine que depois disso,
O padre caiu na farofa

[...]

A farofa feita com dendê e pimenta, que faz o personagem da letra se sentir com muita força (axé) ou "endiabrado", acaba sendo comida inclusive pelo próprio padre, aludindo assim ao poder de Exu e ao diálogo entre os campos religiosos referidos ("O padre caiu na farofa").

Referências à farofa e ao despacho nas letras da música popular brasileira têm sido usadas como meio de expressar valores concernentes aos comportamentos de grupo, como na música "Pisei num despacho", de Geraldo Pereira e Elpídio Viana (1947):

Desde o dia em que passei
Numa esquina e pisei num despacho
Entro no samba meu corpo tá duro
Bem que procuro a cadência e não acho
Meu samba e meu verso não fazem sucesso
[...]
Vou à gafieira, fico a noite inteira
No fim não dou sorte com ninguém
[...]
Vou num pai de santo
Pedir qualquer dia
Que me dê uns passes

Uns banhos de erva e uma guia
[...]

Pisar num despacho é desrespeitar ou ofender Exu, a quem os despachos nas esquinas são destinados. Por isso o autor do ato descrito na música é punido perdendo tudo aquilo que ele aprecia e que está sob a regência de Exu: o dom de conquistar mulheres, de compor, cantar, dançar, ter ritmo e cadência. A solução é procurar um pai de santo e fazer ebós (oferendas) para recuperar a sorte perdida.

Farofa e despacho podem ser usados para expressar os embates no campo religioso, mas também no próprio universo dos sambistas, em razão de diferenças étnicas e desigualdades sociais. O samba "Feitiço da Vila" nos ajuda a entender os usos de Exu como metáfora neste contexto. Escrito por Noel Rosa e Vadico (1934), compositores de Vila Isabel, bairro da Zona Norte do Rio de Janeiro, para se contrapor ao samba produzido na região central, como a Praça XI, onde a influência dos terreiros e das comunidades negras na produção musical era intensa, "Feitiço da Vila" retira do termo "feitiço" a carga religiosa que ele contém, indicando a necessidade de autonomia do campo musical em relação às suas supostas origens religiosas e étnicas.

[...]
Lá em Vila Isabel quem é bacharel
Não tem medo de bamba,
[...] a Vila Isabel dá samba.

A Vila tem um feitiço sem farofa,
Sem vela e sem vintém
Que nos faz bem.
Tendo o nome de princesa,
Transformou o samba
Num feitiço decente que prende a gente.
[...]

Por se livrar da farofa, da vela e do vintém, a Vila Isabel, "tendo nome de princesa" (referência à princesa Isabel, que assinou a lei de libertação dos escravos), conseguiu, segundo a letra, produzir um "feitiço decente". A Vila, cujo samba seria feito por "bacharel que não tem medo de bamba", questiona, assim, metaforicamente, o papel da influência religiosa (via Exu) como a única mediação possível no entrecruzamento dos universos religioso e musical ou das culturas popular e "letrada". E faz uma crítica, por meio do termo "decente", ao suposto caráter desregrado presente nesta cultura religiosa popular. A crítica, nesse caso, é dirigida ao mundo do candomblé e dos terreiros das tias baianas ao redor da Praça XI, frequentados pelos sambistas e onde teriam surgido os primeiros cordões carnavalescos do Rio de Janeiro (MOURA, 1983; REIS, 1999).

Pontos ou cantigas de Exu cantados no interior dos terreiros também foram gravados ou serviram de inspiração para composições que se tornaram sucessos. Nos anos 1930, J. B. de Carvalho foi um dos pioneiros neste estilo de composição e de transposição da musicalidade dos terreiros para a produção musical comercial. São dele músicas como "Cadê Viramundo?", de 1931 (CARVALHO, 1953), que tem no próprio título referência a um dos nomes de Exu:

Ô, cadê Viramundo, Pemba?
Ta na terrêra, Pemba
Com seu cambono, Pemba
Veado no mato corredor
Cadê meu mano caçador?
Cadê caboclo Ventania?
Esse caboclo é nosso guia
Galinha de preta na encruzilhada
Gato de preto de madrugada
Azeite de dendê
Farofa amarela
Com três vintém
Numa panela.

De qualquer forma, ainda que a autonomia das diversas instituições da cultura popular tenha se consolidado ao longo de seu desenvolvimento nos séculos XX e XXI, continuam inegáveis ainda hoje as relações umbilicais entre os terreiros e outros espaços de produção de sociabilidade que tiveram por base a música e a dança, sobretudo quando se manifestam em locais públicos como a rua. Em muitas escolas de samba, é inevitável que, antes de sair à avenida por ocasião dos desfiles, sejam feitas saudações a Exu. O mesmo ocorre em afoxés e maracatus. Nesses casos, o ritual do padê é realizado por sacerdotes que, em geral, são fundadores ou frequentadores destas associações carnavalescas. O padê realizado pelo Afoxé Filhos de Ghandi em Salvador, antes de sair de sua sede no Pelourinho, é um dos momentos altos de sua apresentação. Assentamentos de Exu são consagrados na entrada das sedes dessas associações carnavalescas como se fossem terreiros, como no caso da sede do Afoxé Filhos de Ghandi.

E são muitas as escolas que, em seus sambas-enredos, homenageiam os orixás e outros elementos da cultura afro-brasileira, mas sempre reservando um lugar de destaque para Exu. A escola de samba Beija-Flor, no Rio Janeiro, causou grande polêmica no carnaval de 1989 ao tentar colocar na passarela uma alegoria do Cristo Redentor vestido de mendigo, que foi vetada pela Igreja Católica. Para reforçar o caráter contestador proposto pelo tema do desfile, que misturava luxo e pobreza, o samba-enredo (BETINHO, GLYVALDO, MARIA, OSMAR, 2012) fazia referências explícitas a Exu (aludindo à sua comida favorita, a farofa, ao ebó — despacho ou limpeza — e ao seu próprio nome na tradição fon-ewe, Legbá ou Elegbara):

[...]
Formou a grande confusão
Qual areia na farofa
[...]
Leba-laro-ô ô ô ô
Ebó lebará-laiá-laiá-ô

Em 2009, a escola de samba Mocidade Alegre, de São Paulo, num samba-enredo dedicado aos orixás fez uma comissão de frente com passistas fantasiados de Exu. Nada mais apropriado, considerando que a comissão de frente "abre os caminhos" da escola na passarela.

Um mito sobre Exu e samba é narrado por Mãe Beata de Iemanjá (1997, p. 27). Numa Sexta-feira Santa (dia em que não havia festa), uma mulher que não se preocupava com sua casa e sua família, lançou um desafio: dançaria nem que fosse com Exu! À meia-noite, ouviu uma música, saiu da cama e acabou numa festa. Lá dançou com um rapaz, o qual, ao final, com um grande estrondo, revelou-se ser Exu. A mulher foi encontrada no dia seguinte, desmaiada numa encruzilhada, e nunca mais foi a mesma nem pôde sambar.

Esse mito parece querer mostrar que deve haver um equilíbrio entre as obrigações religiosas e lúdicas, pois Exu também gosta de samba, mas respeita os preceitos. No caso, a mulher não respeitou a

Sexta-feira Santa, que é tida como um dia de luto ou "grande energia negativa" (devido à morte de Cristo), quando, inclusive, muitos terreiros fazem rituais dedicados a Exu. A música tocada à meia-noite ("hora grande" de Exu) foi uma artimanha do orixá para atrair a mulher e puni-la em seguida.

Mas não é só de samba que vive Exu. Em muitos outros ritmos e movimentos musicais referências a ele aparecem. Já foi cantado pelo movimento musical da Jovem Guarda, como em "Feitiço de Broto", de Carlos Imperial (1966), interpretada por Rosemary:

Sexta-feira enluarada
Bem na sua encruzilhada
Um feitiço novo eu vou botar
[...]

Nos anos 1960, outro grande sucesso foi a música "Só o ôme" (RODRIGUES, 1968), cantada por Noriel Vilela e cuja letra usava a linguagem típica do preto-velho dos terreiros. Nesse caso, o preto-velho recomendava ao consulente que fizesse um trabalho na encruzilhada para Exu (o "Ôme" ou o "Homem"), pois a gravidade do caso pedia a intervenção de uma entidade mais poderosa.

Ah mô fio, do jeito que suncê tá,
Só o ôme é que pode ti ajudá.
[...]
Suncê compra um garrafa de marafo,
[...]
Meia-noite suncê, na incruziada,
Distampa a garrafa e chama o ôme
O galo vai cantá, suncê escuta,
Rêia tudo no chão que tá na hora.
E se guáda noturno vem chegando,
Suncê óia pa ele que ele vai andando.
[...]
Mas suncê [...]
Tem sido mau fio mau marido,
[...]
Fez candonga di cumpanheiro seu,

Ele botou feitiço em suncê.
Agora só o ôme à meia-noite
É que seu caso pode resolvê.

É interessante notar nesta letra a atitude do preto-velho ao recriminar o comportamento do consulente, que é acusado de ser mau marido e fofoqueiro. Ao remeter o caso para Exu, o preto-velho endossa o poder do "homem das encruzilhadas" e o caráter amoral deste, que aceitará o caso em troca de uma garrafa de marafo (cachaça). Nesta música vê-se ainda que o poder de Exu é exaltado a ponto de ele afirmar que até o guarda noturno seria conivente com a realização do despacho!

Martinho da Vila também gravou duas importantes músicas que fazem referência a Exu. "Casa de Bamba" (1969), na qual, opondo-se à discriminação, há uma valorização da convivência doméstica de práticas católicas e afro-brasileiras, ao lado de valores de sociabilidade como a solidariedade na dor e na alegria. Exu ("macumba com galinha preta e azeite de dendê") faz parte deste processo de construção de uma autoestima positiva. Em "Festa de Umbanda", Martinho (1975) canta alguns pontos de terreiro, sendo o primeiro, obviamente, dedicado a Exu Tranca-Ruas.

Casa de Bamba
[...]
Na minha casa [...]
Não se fala do alheio,
[...] ninguém liga pra intriga
[...]
Macumba [...]
Tem galinha preta, azeite de dendê,
A ladainha [...]
Tem reza bonitinha e canjiquinha pra comer.
Se tem alguém aflito,
Todo mundo chora, todo mundo sofre,
[...]
Mas se tem alguém cantando,
Todo mundo canta, todo mundo dança
[...]

Festa de Umbanda *(ponto de domínio público)*

O sino da igrejinha
Faz belém, blem, blão
Deu meia-noite
O galo já cantou
Seu Tranca-Ruas
Que é dono da gira
Oi corre gira
Que Ogum mandou.

Músicas com referências a Exu têm sido, assim, cantadas por diversos intérpretes como Gilberto Gil, João Bosco, Zeca Pagodinho, entre outros. Rita Ribeiro, em *Tecnomacumba* (RIBEIRO; JONGUI, 2009), regravou algumas músicas associadas ao universo religioso afro-brasileiro e, como não poderia deixar de ser, abre o trabalho com "Saudação" (incluindo pontos de domínio público para Exu em suas várias linhas: Pombagira, Zé Pilintra etc.) e termina com um "Canto para Oxalá".

Lalorê Exu é Mojubá
[...]
O sino da igrejinha
faz belém blem blaum
deu meia-noite, o galo já cantou
Seu Tranca-Ruas que é dono da gira
oi corre gira que Ogum mandou.

Exu Apavenã, Exu Apavenã
em minha aldeia ingá é
Exu Apavenã
é uma casa de pombo
é de pombo girá
auê auê auê

Ganhei uma barraca velha,
foi a cigana quem me deu
o que é meu é da cigana
o que é dela não é meu
ciganinha puerê, puerê, puerá
girê mavilê mavangô

Oh Zé! quando vier da lagoa
toma cuidado com o balanço da canoa
Oh Zé! faça tudo que quiser
só não maltrate o coração dessa mulher

Lá na porteira
eu deixei meu sentinela
eu deixei o Meia-Noite
tomando conta da cancela.

Por fim, Exu, na música popular, também tem servido para representar os dilemas da sociedade nacional entre a incorporação dos valores culturais da herança africana e a exclusão social dos negros e de sua religiosidade de origem, como parece indicar "Feitiço", de Caetano Veloso (2002), interpretada por ele e Jorge Mautner.

Nosso samba
tem feitiço,
tem farofa,

tem vela e tem vintém
[...] rock 'n' roll, batuque de candomblé
Zabé come Zumbi,
Zumbi come Zabé
[...] hip-hop, Vigário Geral
tem reggae pop, Fundo de Quintal
Capão Redondo, Candeal
[...] funk, o feitiço indecente
que solta a gente
[...]

Esta música é uma "resposta" ao samba "Feitiço da Vila", mencionado anteriormente, no qual os compositores fazem um elogio aos valores da mestiçagem cultural retornando às próprias fontes das quais a música popular brasileira é grande tributária. Nesse caso, Zabé (em referência à princesa Isabel, a Vila Isabel ou à "cultura branca") "come" Zumbi (em referência ao herói do Quilombo de Palmares e à "cultura negra") e vice-versa. Novamente Exu e sua boca cheia de farofa, velas e vinténs, serve de metáfora para representar a suposta antropofagia cultural (afro-)brasileira que coloca em contato diferentes ritmos musicais (rock 'n' roll, batuque de candomblé, hip-hop, reggae etc.) e interconecta seus locais de produção, periferias de cidades distantes mas que vivem exclusões semelhantes: Capão Redondo, em São Paulo, Vigário Geral, no Rio de Janeiro, Candeal, em Salvador... Enfim, exclusão e inclusão feitas de violência e abraços, como o "nosso samba".

Esse aspecto carnavalizador e antropofágico de Exu é o que permite aproximá-lo na literatura de outro grande ícone de nosso "caráter nacional", ou, mais propriamente dito, da falta dele. Trata-se de Macunaíma, "herói sem nenhum caráter", descrito no livro de mesmo nome de Mario de Andrade, publicado em 1928 e tornado peça fundamental do movimento modernista brasileiro.

Macunaíma é uma espécie de contraposição ao apático personagem Jeca Tatu, personagem do livro *Urupês*, de Monteiro Lobato (1918), que nas primeiras décadas do século XX foi um estereótipo do brasileiro ingênuo, "caipira", inculto, abandonado à própria sorte nas áreas rurais do Brasil. Macunaíma é um *trickster* composto por múltiplas referências. Baseando-se na mitologia indígena e no folclore nacional, o autor compõe um personagem saído do "Brasil indígena" que vai para as áreas urbanas do litoral e, ao final do livro, acaba convertido em estrela. Sua genealogia retoma a decantada fábula das três raças constitutivas do povo brasileiro: filho de índios, nasce "preto retinto" e depois se torna branco. Macunaíma é uma espécie de malandro indolente que vive para "brincar" (fazer sexo) e não gosta de responsabilidades, como mostra seu bordão principal: "*Ai, que preguiça!*" É um *trickster* "euro-afro-indígena", que em suas andanças pelo Brasil nos faz ver com comicidade nossas próprias mazelas e grandezas.

A aproximação do "anti-herói" ao mundo dos candomblés é descrita no capítulo "Macumba" no qual ele visita o terreiro de Tia Ciata, por onde circulavam músicos, políticos, intelectuais e artistas populares, em busca de um feitiço para enfrentar seu inimigo, Venceslau Pietro Pietra, que lhe roubara um talismã.

A cena é dominada basicamente pela figura da incorporação de um Exu que Mário de Andrade descreve valendo-se do amplo imaginário constituído no período sobre a entidade e seguindo um estilo literário próprio no qual a língua escrita reproduz a variedade dos léxicos e construções sintáticas populares:

> Exu era o diabo-coxo, um capiroto malévolo, mas bom porém pra fazer malvadezas, era um tormento na sala uivando [...] Exu era o pé-de-pato, um jananaíra malévolo [...] Era Exu, o romãozinho que viera ali com todos pra macumbar [...] Era Exu, o jurupari mais macanudo daquela religião [...] (ANDRADE, 1980, p. 46-49)

Nesta última frase, Mario de Andrade faz uma sofisticada comparação entre o Exu africano e o Jurupari, ser sobrenatural da mitologia guarani. Implicitamente, o autor está aludindo ao fato de que ambos os seres (Exu e Jurupari) foram associados pelos missionários, na época das primeiras evangelizações do Brasil, ao demônio cristão. No caso do Jurupari, sua demonização foi consequência dos riscos que havia de ele ser comparado a Jesus, pois um de seus mitos o descreve como filho do Sol e de uma virgem que veio à terra para reformar os costumes dos homens (CASCUDO, 1988, p. 420). Neste caso, a aproximação entre Exu e Jurupari só é compreensível a partir do terceiro termo de comparação, o demônio da tradição cristã.

No terreiro, as semelhanças entre Macunaíma e Exu, como não poderia deixar de ser, foram também muito bem exploradas por Mario de Andrade. Macunaíma experimenta pela primeira vez a cachaça, bebida de Exu, e começa a gargalhar, comportamento comum aos Exus incorporados. Os presentes acham inclusive que Macunaíma vai entrar no transe da divindade.

O atendimento dado por Exu aos consulentes do terreiro é descrito por Mario de Andrade de uma forma jocosa e interessante, por mostrar as semelhanças entre Macunaíma, o herói sem nenhum caráter, e Exu, o "maioral", que não age segundo os juízos da moral cristã e que inclusive reconhece Macunaíma como "filho":

> Depois que todos beijaram adoraram e se benzeram muito, foi a hora dos pedidos e promessas. Um carniceiro pediu pra todos comprarem a carne doente dele e Exu consentiu. Um fazendeiro pediu pra não ter mais saúva nem maleita no sítio dele e Exu se riu falando que isso não consentia não. Um namorista pediu pra pequena dele conseguir o lugar de professora municipal pra casarem e Exu consentiu. Um médico fez um discurso pedindo pra escrever com muita elegância a fala portuguesa e Exu não consentiu. Assim. Afinal veio a vez de

> Macunaíma o filho novo do fute. E Macunaíma falou:
>
> — Venho pedir pra meu pai por causa que estou muito contrariado.
>
> — Como se chama? perguntou Exu.
>
> — Macunaíma, o herói.
>
> — Uhum... o maioral resmungou, nome principiado por Ma tem má-sina...
>
> Mas recebeu com carinho o herói e prometeu tudo o que ele pedisse porque Macunaíma era filho. E o herói pediu que Exu fizesse sofrer Venceslau Pietro Pietra que era o gigante Piaimã comedor de gente. (ANDRADE, 1980, p. 49)

Exu então prende o eu do gigante no corpo da médium que ele incorporara e Macunaíma fustiga esse corpo para que o gigante sinta as dores provocadas. Novamente Exu aparece aqui como o intermediário. Quando Macunaíma se dá por vingado, Exu vai embora, levando as marcas da sova do corpo da médium que o incorporara. A reza feita ao final da sessão é uma inversão do pai-nosso cristão. Aqui também Mario de Andrade associa Exu ao Demônio; as missas ou símbolos a ele dedicados, segundo a crença popular, seriam uma inversão das cerimônias e dos símbolos cristãos:

> Tia Ciata veio maneira e principiou rezando a reza maior do diabo. Era a reza sacrílega entre todas, que se errando uma palavra dá morte, a reza do Padre Nosso Exu, e era assim: — Padre Exu achado nosso que vós estais no trezeno inferno da esquerda de baixo, nóis te queremo muito, nóis tudo! — Quereremos! quereremos! — ... O pai nosso Exu de cada dia nos dai hoje, seja feita vossa vontade assim também no terreiro da sanzala que pertence pro nosso padre Exu, por todo o sempre que assim seja, amém!... Glória pra pátria gêge de Exu! — Glória pro fio de Exu! Macunaíma agradeceu. A tia acabou: — Chico-t-era um príncipe gege que virou nosso padre Exu dos século seculóro pra sempre que

> assim seja, amém. — Pra sempre que assim seja, amém! (ANDRADE, 1980, p. 51)

E como sempre acontece no candomblé, ao final da sessão religiosa de Tia Ciata, houve festa com samba, comida e bebida. E Mario de Andrade nomeia, entre os "macumbeiros" presentes, compositores e poetas, numa clara alusão ao terreiro como espaço de encontro e trocas culturais entre diferentes grupos sociais, tal como as próprias trajetórias de mediadores culturais como Exu e Macunaíma.

Outro importante escritor que se valeu do candomblé, e em particular da capacidade de mediação de Exu para expressar valores da mestiçagem nacional, foi Jorge Amado, o mais popular autor brasileiro do século XX, que escreveu a partir de sua experiência de convivência com pessoas comuns do povo baiano transformadas em personagens de seus romances. As referências ao mundo do candomblé aparecem em vários livros do autor. Gostaria, entretanto, de mencionar aspectos relacionados a Exu abordados pelo autor em dois dos seus romances, os quais considero relevantes para a interpretação de sua obra e da visão do Brasil que esta promove.

Os pastores da noite (AMADO, 1964) reúne quatro episódios com enredos independentes, porém com personagens comuns. Um deles, "Compadre de Ogum", aborda diretamente as estripulias de Exu. O enredo narra inicialmente o dilema do negro Massu, que não consegue escolher, entre seus melhores amigos, aquele que será o padrinho de seu filho. Ogum então aparece numa visão para Massu e diz que ele próprio será o padrinho da criança. Mas como seria isso? Um filho de santo de Ogum, Artur da Guima, fica encarregado de incorporar o orixá no dia do batizado, e assim o orixá poderá comparecer em "pessoa" ao batizado na Igreja do Rosário dos Homens Pretos no Pelourinho. Padre Gomes, um mulato vindo de família de gente do candomblé, era o sacerdote desta igreja e era tolerante com os filhos de santo que a frequentavam.

No dia marcado para o batizado, os rituais são feitos no terreiro para que Ogum venha. Entretanto, um imprevisto ocorre. A galinha-d'angola a ser sacrificada para Exu, que deve ser saudado em primeiro lugar, escapa, e a mãe de santo, para aplacar a fúria do orixá, sacrifica três pombas brancas. Os animais para Exu em geral devem ser pretos. Pombas brancas costumavam ser para Oxalá, "seu oposto". Tudo parece tranquilo. Ogum supostamente vem no corpo de seu filho e dança muito, se comportando de modo atrevido. Quando a comitiva, tendo à frente aquele "estranho" Ogum, chega à igreja, a farsa se revela, pois na verdade era Exu quem vinha montado em Artur da Guima. O orixá aproveitou-se da desfeita de não ter recebido seu alimento certo e resolveu que ele seria o padrinho da criança. Mas, de repente, Padre Gomes tem um barravento (estremece) e acontece o inesperado: Ogum o incorpora. Ogum então, no corpo do padre, expulsa Exu do corpo de Artur da Guima e se apodera deste. E é assim que Massu se torna compadre de Ogum.

Neste episódio, Jorge Amado, por meio da figura de Exu, pretende mostrar o mundo do candomblé e da própria sociedade brasileira permeados de porosidades, de "encruzilhadas" onde os vários planos se encontram: o humano e o divino se entrelaçam por relações de compadrio, assim como brancos e negros, catolicismo e candomblé se mesclam. E, para o autor do romance, um padre "dar santo" e um orixá batizar uma criança na igreja católica e se tornar compadre de gente não seriam em si "problemas", caso Exu, o senhor das passagens, tivesse recebido seus sacrifícios corretamente...

Em *Dona Flor e seus dois maridos* (AMADO, 2008), a personagem principal é uma cozinheira que dá aulas em sua escola de culinária. Casa-se com Vadinho, um boêmio inveterado que vive às suas custas, mas com quem ela tem uma vida intensa de amor e sexo. Num domingo de carnaval, Vadinho, no momento em que se divertia fantasiado de baiana, sofre um infarto fatal e cai duro no chão. Dona Flor passa por um interminável luto, tentando controlar suas saudades e o desejo pelo marido. Cansada e para pôr fim a este sofrimento, casa-se com o Dr. Teodoro Madureira, um farmacêutico puritano, trabalhador, previdente, metódico e organizado, cujo lema era "*um lugar para cada coisa e cada coisa em seu lugar*". Sexo, por exemplo, somente às quartas e aos sábados (nesse dia com direito a bis!). Satisfeita por um lado e insatisfeita por outro, Dona Flor vive a chamar pelo outro marido, até que ele retorna do além. Coloca-se então um dilema para Dona Flor: poderia ela ceder às investidas do espírito do marido morto sendo agora casada com outro homem? Ela decide, por fim, encomendar um ebó para despachar o egum (espírito de morto) de Vadinho. Entretanto, quando o ebó começa a fazer efeito e Vadinho começa a desaparecer, ela se arrepende. Uma batalha entre orixás é travada. Exu se coloca ao lado de Vadinho contra todo o restante do panteão do candomblé. Quando os dois estão prestes a ser derrotados, Dona Flor intercede na guerra celeste e decide a disputa em favor do primeiro marido. Dona

Flor passa a ter dois maridos: um vivo (Dr. Teodoro) e outro morto (Vadinho).

Existe uma correlação entre os personagens do romance e os orixás do candomblé. Dona Flor, por suas aptidões culinárias, seu dengue e sua paixão recatada, seria Oxum. Vadinho, namorador, cachaceiro, brincalhão, irresponsável e malandro, seria um equivalente de Exu. O Dr. Teodoro, por sua seriedade, compostura, austeridade e relação com a cura (era farmacêutico), seria Oxalá, ou, mais especificamente, Oxalufã, um Oxalá velho (AMADO, 2008, p. 385).

No candomblé, estes dois orixás representam polos opostos. Exu está associado a fogo, azeite de dendê, bebidas alcoólicas, "sangue vermelho", pimenta, cor preta e agilidade, enquanto Oxalufã está associado a ar, água, azeite doce, "sangue branco" (assim como à cor branca em geral) e movimento lento. Dona Flor deve escolher, portanto, entre dois ideais opostos que, a princípio, seriam mutuamente excludentes. Sua decisão, porém, é ficar com os dois. Opta tanto pelo apolíneo Dr. Teodoro (Oxalufã), quanto pelo dionisíaco Vadinho (Exu), ou seja, "opta por não optar". Segundo DaMatta (1997), Dona Flor seria uma boa metáfora da sociedade brasileira ou do modo pelo qual nos vemos a nós mesmos. De um lado, um povo que se enxerga alegre e despreocupado e, de outro, uma organização social e estatal que, muitas vezes, se ressente de não se assentar nas bases da disciplina e da seriedade.

A própria personagem de Dona Flor também sugere ou sintetiza essa ambiguidade: uma mulher comedida e trabalhadora no ambiente público, mas que no reservado da alcova manifesta seus desejos e sua alegria de forma intensa e escancarada. Sua "opção não optante" representa, portanto, ficar com o melhor dos dois mundos, como se nela fosse possível conciliar o "Exu da rua" (público) e o "Exu de casa" (doméstico), o Brasil "oficial" e o Brasil "não oficial".

> A resposta de Dona Flor é que essas duas dimensões da vida são necessárias e que é possível ter as duas. Que elas, como sabia Tocque-

> ville, não são mutuamente exclusivas, mas são dimensões críticas da sociabilidade humana, pois uma fala do impulso individual para a igualdade e para a justiça, ao passo que a outra aponta o caminho da solidariedade e da compaixão. O que nos leva a concluir que a reflexão carnavalizadora de Jorge Amado vai ao centro do dilema brasileiro e dos problemas que temos que enfrentar para podermos modernizar o nosso país sem, entretanto, deixarmos de ser a sociedade do carnaval. (DAMATTA, 1997, p. 134)

Para Jorge Amado, Exu sintetiza a importância da cultura de origem africana na formação do povo brasileiro. Provavelmente, por esta razão, o autor, ao organizar a Fundação Casa de Jorge Amado para preservar sua obra, tenha escolhido este orixá para ser o "guardião" dessa casa, localizada no largo do Pelourinho, e tenha batizado com o nome de *Exu* a revista editada pela Fundação. Assim Jorge Amado justificou sua decisão:

> Coloquei a fundação sob a proteção, os cuidados de Exu, entregue ao seu desvelo. Sob a grande placa das três grandes raças que se misturaram, os índios, os negros e os brancos, a arte de Carybé, erguido diante da Casa, Exu preside o destino da Fundação, ali foi plantado o fundamento na noite de inauguração. (FUNDAÇÃO, 2014)

Um assentamento deste orixá foi feito à entrada da Casa, local onde foi posta uma escultura de Exu. E Jorge Amado insistiu para que este assentamento fosse consagrado logo que a Fundação foi constituída. Sabedor dos preceitos, não queria arriscar que o orixá ficasse contrariado, como aconteceu em *Compadre de Ogum*, e acabasse com a festa antes de ela começar. Afinal, é o próprio Jorge Amado quem define Exu como um "amigo do bafafá":

> Exu come tudo que a boca come, bebe cachaça, é um cavaleiro andante e um menino reinador.

> Gosta de balbúrdia, senhor dos caminhos, mensageiro dos deuses, correio dos orixás, um capeta. Por tudo isso sincretizaram-no com o diabo; em verdade ele é apenas o orixá em movimento, amigo de um bafafá, de uma confusão mas, no fundo, excelente pessoa. (FUNDAÇÃO, 2014)

O poema "Exu",[2] do escultor Mário Cravo Jr. (2000), dedicado a Jorge Amado, mostra bem as afinidades entre o orixá e o escritor:

Não sou preto, branco ou vermelho;
Tenho as cores e formas que quiser.
Não sou diabo nem santo, sou Exu!
Mando e desmando, traço e risco, faço e desfaço.
Estou e não vou. Tiro e não dou.
Sou Exu!
Passo e cruzo. Traço, misturo e arrasto o pé.

2 Devo um agradecimento especial a Mário Cravo Jr., por autorizar a reprodução deste poema, divulgado inicialmente no jornal *A Tarde*, em 1993, e mais recentemente no ensaio fotográfico *Laróyè*, de seu filho Mário Cravo Neto, publicado pela editora Áries (Salvador, 2000).

Sou rebuliço e alegria.
Rodo, tiro e boto; jogo e faço fé.
Sou nuvem, vento e poeira.
Quando quero, homem e mulher.
Sou das praias e da maré.
Ocupo todos os cantos;
Sou menino, avô, maluco até.
Posso ser João, Maria ou José.
Sou o ponto do cruzamento.
Durmo acordado e ronco falando.
Corro, grito e pulo.
Faço filho assobiando.
Sou argamassa, de sonho, carne e areia.
Sou a gente sem bandeira.
O espeto, meu bastão.
O assento? O vento! ...
Sou do mundo, nem do campo, nem da cidade.
Não tenho idade.
Recebo e respondo pelas pontas, pelos chifres da Nação.
Sou Exu.
Sou agito, vida, ação.

Sou os cornos da lua nova; a barriga da lua cheia!...

Quer mais?

Não dou, não tô mais aqui.

5 | Exu Bem e Mal

As décadas de 1970 e 1980 foram especialmente importantes para a o apogeu da temática afro-brasileira na cultura nacional. Obras de Jorge Amado foram adaptadas para o cinema e para a televisão, o movimento musical conheceu grandes intérpretes de temas religiosos dos terreiros, como Clara Nunes, figuras como Mãe Menininha se tornaram conhecidas nacionalmente. Entretanto, neste mesmo período, com o crescimento das igrejas evangélicas, sobretudo das neopentecostais, verificou-se um crescente movimento de rejeição das religiões afro-brasileiras, com a retomada da demonização das entidades espirituais destas religiões, principalmente de Exu e Pombagira (SILVA, 2007).

Na visão das igrejas neopentecostais, vivemos uma batalha do bem contra o mal, sendo os males do mundo (doença, depressão, infelicidade conjugal, desemprego, pobreza, azar nos negócios etc.) causados pela presença do demônio na terra. A identificação destes demônios com o panteão afro-brasileiro remonta a uma das primeiras igrejas fundadas no Rio de Janeiro pelo pastor Robert McAlister, que escreveu um livro chamado *Mãe de santo*. Neste livro, o pastor narra como teria convertido uma sacerdotisa dos cultos afro-brasileiros à sua igreja, salvando-a das influências nefastas dos "Exus e Orixás", que, para ele, eram manifestações do demônio, devendo ser expulsos toda vez que se manifestassem. Segundo McAlister (1983, p. 93):

> O grande segredo do candomblé é o seguinte: por trás dos sacrifícios sangrentos, das oferendas, comidas e banhos de ervas; enfim, por trás de todas as "obrigações", há um poder maligno e diabólico em ação. O povo acredita que os orixás são deuses, mas não entende que na realidade são forças do mal forcejando por entrar em suas vidas a fim de as controlar e depois destruir.

Esta linha de pensamento foi seguida por outros pastores que se formaram na igreja de McAlister e posteriormente fundaram suas próprias igrejas, como Edir Macedo, que publicou um livro com o mesmo teor intitulado *Orixás, caboclos & guias: deuses ou demônios*? Neste livro o autor pretende denunciar

> as manobras satânicas através do kardecismo, da umbanda, do candomblé e outras seitas similares; coloca a descoberto as verdadeiras in-

> tenções dos demônios que se fazem passar por orixás, exus, erês, e ensina a fórmula para que a pessoa se liberte do seu domínio (MACEDO, 1996, p. 20)

Vejam que aqui há uma afirmação que procura desqualificar especialmente as religiões afro-brasileiras e seu panteão de orixás. Assim tiveram início, nas igrejas neopentecostais, as sessões de convocação e expulsão de demônios chamadas de "sessões de descarrego", muitas delas transmitidas em programas televisivos. Em geral, nestas sessões, os pastores seguram firmemente a cabeça dos adeptos e pedem para que os demônios que neles se encontrem se manifestem. Quando estes se manifestam, se identificam com nomes de Exus e Pombagiras popularmente conhecidos nos terreiros de umbanda. Seu comportamento também é semelhante ao dos transes dessas entidades nesses terreiros: corpo curvado, mãos em forma de garra colocadas nas costas, voz gutural, linguagem amedrontadora etc.

O pastor então pede para que o demônio revele os males que tem causado à vida daquela pessoa. Em seguida o repreende e o expulsa, invocando o poder do sangue de Jesus. Ou seja, se Exu, no âmbito dos terreiros, tem sido um mensageiro do pedido dos fiéis aos orixás, intermediado pelo pai de santo, no âmbito das igrejas pentecostais o pastor assume a posição do pai de santo, expulsando o Exu e se colocando como o intermediador capaz de atender o fiel ao invocar aquele que, segundo a concepção daquela igreja, seria o único mensageiro capaz de atender o pedido dos homens: Jesus Cristo. Vimos que a correlação entre Leguá (Exu) e Jesus Cristo, por serem ambos mensageiros, é uma característica da religião dos orixás em Cuba, sendo ambos vistos como princípios positivos. No neopentecostalismo, esta correlação também é estabelecida, mas exatamente para negá-la, já que um representaria o princípio do bem (Jesus) e o outro, o princípio do mal (Exu). Por isso, o pastor, segundo sua ótica, deve subjugar Exu e o expulsar. Se na umbanda ou no candomblé Exu pode fazer o bem e o mal, pois estes conceitos muitas vezes são relativizados, ao ser recebido nas igrejas neopentecostais na forma de demônio, ele volta a representar o mal absoluto, reeditando a visão eurocêntrica dos primeiros exploradores cristãos que se depararam com o culto de Exu na África Ocidental séculos atrás. A diferença é que agora sairia da boca do próprio Exu, incorporado nestes fiéis, o reconhecimento de que ele é o demônio que o acusam de ser.

O que causa estranhamento é o fato de que os demônios nestas igrejas se apresentam sempre como entidades das religiões afro-brasileiras. Nunca são vistos demônios se apresentando ou se comportando como divindades budistas ou xintoístas, santos católicos, seres espirituais das cosmologias indígenas sul-americanas ou deuses maias e astecas...

Para muitos adeptos e estudiosos do candomblé, teriam sido a umbanda e a quimbanda (que trabalha sobretudo com a linha de Exu ou da esquerda) as principais responsáveis pela difusão desses Exus associados ao mundo das trevas, como Exu Lúcifer, Exu Belzebu etc. É bom enfatizar, entretanto, que os Exus, como se viu, ainda que identificados na umbanda com o diabo, podem escapar de sua sina e "evoluir" para o mundo da luz pela prática do bem. Ou seja, mesmo na condição de "demônios", podem se libertar de sua condição de "anjos caídos". Neste caso, podemos afirmar que, paralelamente à demonização do Exu, realizada pelo contato das religiões de origem africana com o catolicismo e, agora, com o neopentecostalismo, ocorre, em sentido inverso, uma "exuzização" (ou relativização) do demônio no âmbito das religiões afro-brasileiras, pois é somente no quadro destas religiões que estes assim chamados demônios (Exus) podem deixar de ser o mal absoluto. No quadro da tradição judaico-cristã, o demônio é imutável, pois neste âmbito imperam o monoteísmo e a crença em polos absolutistas: bem e mal, certo e errado, falso e verdadeiro.

E aqui novamente os mitos de Exu sobre a relatividade da verdade podem nos ajudar a escapar das armadilhas do pensamento absolutista ou fundamentalista que tem gerado no Brasil, nos últimos anos, um crescente processo de intolerância religiosa contra adeptos dos cultos afro-brasileiros. Esta intolerância se expressa na invasão de terreiros, na destruição de imagens, coação, na discriminação, nas ofensas etc. Até mesmo o ensino de história e cultura africana e afro-brasileira nas escolas, matéria obrigatória por força de lei federal, tem sido coibido porque famílias evangélicas não querem que seus filhos aprendam sobre as religiosidades trazidas pelos africanos e herdadas pelos seus descendentes no Brasil. O problema é que os valores religiosos presentes nestas heranças não podem ser deixados de lado, ainda que o ensino não tenha um caráter proselitista, considerando que a escola é, ou deveria ser, laica. Ou seja, não se pode ensinar cultura grega clássica sem falar de suas divindades, mas isso não quer dizer que se está tentando converter quem aprende a cultuar Mercúrio ou Hermes, deuses mensageiros da cultura greco-romana, tal como Exu o é na cultura africana e afro-brasileira.

Essa discriminação também tem atingido outros símbolos e práticas afro-brasileiras, ainda que não diretamente ligadas hoje em dia à cultura religiosa. É o caso da proibição existente em algumas igrejas evangélicas da prática da capoeira, da produção ou audição de música percussiva (de atabaques), da participação em grupos de dança de origem africana como escolas de samba, da ingestão de alimentos que se originaram de comidas votivas aos orixás, como o acarajé etc. Por outro lado, e paradoxalmente, algumas igrejas têm se apropriado destes símbolos e práticas, desvinculando-os da religiosidade afro-brasileira. É o caso do "acarajé do Senhor" ou "bolinho de Jesus", produzido por baianas evangélicas que não se apresentam como vinculadas aos terreiros e, por isso, dizem que os acarajés vendidos em seus tabuleiros são abençoados por Deus, enquanto os outros são do Demônio. O mesmo ocorre com a "capoeira gospel" ou "capoeira evangélica", na qual as cantigas não fazem referência aos santos católicos, orixás ou valores que tradicionalmente se vinculam à capoeira organizada no Brasil em virtude das fortes relações dos seus praticantes com o mundo dos terreiros (SILVA, 2007).

Por fim, concomitantemente a este processo de intolerância, cresce, por meio da ação dos movimentos sociais e religiosos organizados e das políticas públicas governamentais, um esforço visando a valorizar as heranças africanas no Brasil. Terreiros de candomblé são tombados pelos órgãos de preservação cultural; manifestações e práticas como o jongo, o samba de roda, a receita do acarajé, entre outras, são inscritas como bens imateriais; povos e comunidades de matriz africana são inscritos nos planos de apoio à manutenção de suas formas tradicionais de vida e de transmissão de conhecimento.

Enfim, tal como Exu, a cultura religiosa de origem africana encontra-se, no Brasil de hoje, numa encruzilhada: entre a valorização e a rejeição, entre o enaltecimento e a discriminação...

Mojubá!

A complexidade e diversidade do culto de Exu é fruto de um longo processo de contato, iniciado na África Ocidental há séculos, entre as religiões de origem fon-iorubá e banta e o cristianismo. Esse contato se expandiu para as Américas, formando uma rede transatlântica que envolve atualmente inúmeras tradições de culto praticadas em países como Nigéria, República do Benim, Angola, Moçambique, Brasil, Cuba, Haiti e Estados Unidos.

Exu, como ser das encruzilhadas, das trocas, do movimento, associado ao falo e à fertilidade, é central para pensar esta rede transatlântica, na medida em que nele os caminhos das tradições, da memória e das experiências se cruzam. Como personagem da desordem, por um lado, ele nos remete à própria perda dos elos da vida social dos africanos e de seus descendentes, ocasionada pelo regime escravocrata (desterritorialização, desumanização, sevícia, violência etc.). Por outro lado, como agente da ordem, possibilita a rearticulação do mundo pela inversão, cooptação, resistência, jocosidade, criatividade, sedução, enfim, pelos atributos relacionados aos seres que habitam as margens do mundo social ou sobrenatural. Exu é aquele que, como diz o povo de santo, tem o poder de fazer o acerto virar erro e o erro virar acerto, pois traz em si o poder de realização, é o guardião da casa do futuro, do axé, da energia vital que está presente em todos nós e em todas as coisas da natureza.

Como entidade mensageira ou da mediação, Exu nos remete ainda à nossa tão propalada "miscigenação de corpos" ou "mestiçagem cultural". Sua presença na música (samba), em festas populares (carnaval), associações carnavalescas (afoxés e escolas de samba) e esferas artísticas (como na literatura) reflete seu poder de expressar valores relativos às experiências afro-brasileiras geradas especialmente na sociabilidade dos terreiros, que, ao ganhar as ruas e os espaços públicos, desde então vêm oscilando entre a integração e a negação por parte da sociedade mais ampla.

No campo das políticas públicas, vimos que os governos têm criado ações legais e práticas de valorização das heranças africanas no Brasil. Entretanto, o acirramento dos ataques evangélicos às religiões afro-brasileiras tem provocado o aumento do preconceito e da discriminação contra estas religiosidades. Exu, devido aos seus atributos, virou vítima preferencial destes ataques, feitos agora de uma forma muito mais sistemática e radical. Esta estratégia de ataque é diferente, inclusive, daquela com a qual as religiões afro-brasileiras de certa forma estavam acostumadas a lidar em seus diálogos e embates com o catolicismo.

De qualquer forma, incompreendido quando veem nele apenas um arauto do mal, na ótica das religiões que professam dicotomias maniqueístas (bem e mal), Exu soube dar a volta por cima e mostrar seu poder de inversão ao difundir a possibilidade de também fazer o bem, ainda que sob a capa preta ou usando nomes associados aos chamados demônios judaico-cristãos. Nesse sentido, expressa seu poder de negociação e de interligação entre mundos sociais e religiosos inicialmente distantes, mas que se tocam por força da história. Como senhor dos caminhos, pavimentou as águas do Atlântico Negro, povoando-as de encruzilhadas por onde circulam hoje homens e deuses, passado, presente e futuro, violência e solidariedade, enfim, ordem e desordem como elementos necessários de um mundo em transformação.

Bibliografia

ABIMBOLA, Wande. **Ifa**: an exposition of Ifa literary corpus. Ibadan (Nigéria): Oxford University, 1976.

ABIMBOLA, Wande. **Sixteen great poems of Ifa**. Niamey (Niger): UNESCO, 1975.

AMADO, Jorge. **Dona Flor e seus dois maridos**. São Paulo: Companhia das Letras, 2008.

AMADO, Jorge. **Os pastores da noite**. Rio de Janeiro: Martins, 1964.

AMARAL, Rita; SILVA, Vagner Gonçalves da. Foi conta pra todo canto: música popular e cultura religiosa afro-brasileira. In: TOLEDO, Marleine Paula (Org.). **Cultura brasileira**: o jeito de ser e viver de um povo. São Paulo: Nankin, 2004. (Republicado em **Afro-Ásia**, Salvador, n. 34, p. 189-235, 2006.)

AMARAL, Rita. **Mitologia dos orixás no candomblé paulista**. São Paulo: USP, 2000. Material do Curso de Extensão "Mitologia e Arte Sacra Afro-Brasileiras", realizado no Museu de Arqueologia da Universidade de São Paulo (inédito).

AMARAL, Rita. **Xirê!** O modo de crer e de viver no candomblé. São Paulo: EDUC; Rio de Janeiro: Pallas, 2002.

ANDRADE, Mário de. **Macunaima**: o herói sem nenhum caráter. 17. ed. São Paulo: Martins; Belo Horizonte: Itatiaia, 1980.

ANGARICA, Nicolás Valentín. **Manual del orihaté**: religión Lucumí. Habana: [mimeo.], 1957.

ARÓSTEGUI, Natalia Bolívar. **Los orishas em Cuba**. Habana: Union, 1990.

AUGRAS, Monique. Zé Pelintra, patrono da malandragem. **Revista do Patrimônio Histórico e**

Artístico Nacional, Rio de Janeiro, n. 25, p. 43-49, 1997.

BARRETTI FILHO, Aulo. Òssóòsì e Èsù: os òrìsà Alàkétu na tradição religiosa do candomblé. In: BARRETTI FILHO, Aulo (Org.). **Dos yorubás ao candomblé ketu**. São Paulo: EDUSP, 2010.

BARROS, Jose Flávio P. de. **O segredo das folhas**. Rio de Janeiro: Pallas; UERJ, 1993.

BARROS, Mariana Leal de. **Labareda, teu nome é mulher**: análise etnopsicológica do feminino à luz de pombagiras. São Paulo: USP, 2010. Tese de doutorado, Departamento de Psicologia da FFCLRP-USP. Disponível em: <http://www.teses.usp.br/teses/disponiveis/59/59137/tde-18012011-111738/en.php>.

BASCOM, William. **Ifa divination**: communication between gods and men in West Africa. Bloomington: Indiana University, 1991.

BASCOM, William. **Sixteen cowries**: yoruba divination from Africa to the New World. Bloomington: Indiana University, 1980.

BASTIDE, Roger. **O candomblé da Bahia**: rito nagô. São Paulo: Nacional, 1978.

BAUDIN, Rev. P. **Fetichism and fetich worshipers**. New York: Benziger Brothers, 1885.

BEATA de Yemonjá, Mãe. **Caroço de dendê**: a sabedoria dos terreiros. Rio de Janeiro: Pallas, 1997.

BETINHO; GLYVALDO; MARIA, Zé; OSMAR. Ratos e urubus larguem minha fantasia. Samba-enredo do G.R.E.S. Beija-Flor de Nilópolis (RJ), 1989. Intérprete: Neguinho da Beija-Flor. In: NEGUINHO da Beija-Flor. **Beija-Flor**. Rio de Janeiro: Sony, 2012. 1 CD. faixa 8. (Coletânea Escolas de Samba: Enredos, lançada originalmente em 1994).

BRUMANA, Fernando; MARTÍNEZ, Elda. **Marginália sagrada**. Campinas: UNICAMP, 1991.

CABRERA. Lydia. **A mata**: notas sobre as religiões, a magia, as superstições e o folclore dos negros criollos e o povo de Cuba. São Paulo: EDUSP, 2012. (Edição original: El monte: notas sobre las religiones, la magia, las supersticiones y el folklore de los negros criollos y el pueblo de Cuba. Miami: Universal, 1954.)

CAPONE, Stefania. **A busca da África no candomblé**. Rio de Janeiro: Pallas, 2004.

CARNEIRO, Édison. **Candomblés da Bahia**. Rio de Janeiro: Civilização Brasileira, 1978.

CARNEIRO, Édison. **Negros bantus**. Rio de Janeiro: Civilização Brasileira. 1937.

CARVALHO, J. B. de. Cadê Viramundo. In: CARVALHO, J. B. de. **Cadê Viramundo/São Jorge Guerreiro**. Rio de Janeiro: Todamérica, 1953. 1 disco vinil 78 rpm. faixa 1.

CASCUDO, Luis da Câmara. **Dicionário do folclore brasileiro**. São Paulo: Itatiaia; EDUSP, 1988.

CORRÊA, Norton. **O batuque do Rio Grande do Sul**. Porto Alegre: UFRGS, 1992.

COURLANDER, Harold. **Tales of yoruba gods and heroes**. New York: Crown, 1973.

CRAVO JÚNIOR, Mário. Exu. **A Tarde Cultural**, Salvador, 5 jun. 1993. (Poema dedicado a Jorge Amado, datado de Salvador, 17 de maio de 1993.

Republicado no álbum fotográfico CRAVO NETO, Mário. *Laróyè*. Salvador: Áries, 2000.)

CUNHA, Manuela Carneiro. **Cultura com aspas**. São Paulo: Cosac Naify, 2009.

CUNHA, Mariano Carneiro da. Arte afro-brasileira. In: ZANINI, Walter (Org.). **História geral da arte no Brasil**. São Paulo: Instituto Moreira Sales, 1983.

DAMATTA, Roberto. **A casa e a rua**. São Paulo: Brasiliense, 1985.

DAMATTA, Roberto. Do país do carnaval à carnavalização: o escritor e seus dois brasis. **Cadernos de Literatura Brasileira: Jorge Amado**, São Paulo, n. 3, p. 123-135, mar. 1997.

DENNETT, R. E. **At the back of the black man's mind**. London: African Studies, 1906.

DOPAMU, P. A. **Exu**: o inimigo invisível do homem. São Paulo: Oduduwa, 1990.

ELLIS, A. B. **The ewe-speaking people**. London: Chapman and Hall, 1890.

ELLIS, A. B. **Yoruba-speaking peoples of the slave coast of West Africa**: their religion, manners, customs, laws, language. Charleston: Bibliobazaar, 2007 [1ª ed. 1894].

EPEGA, Afolabi A.; NEIMARK, Philip John. **The mystery of yoruba gods**. San Francisco: Harper, 1995.

FERNANDES, Gonçalves. **Xangôs do Nordeste**. Rio de Janeiro: Civilização Brasileira, 1937.

FROBENIUS, Leo. **Mythologie de l'Atlantide**. Paris: Payot, 1949.

FROBENIUS, Leo. **The voice of Africa**. London: Hutchinson & Co., 1913.

FUNDAÇÃO CASA DE JORGE AMADO. **O guardião**. Disponível em: <http://www.jorgeamado.org.br/?page_id=53>. Acesso em: 7 out. 2014.

HERSKOVITS, Melville. **Dahomey**: an ancient West African kingdom. New York: J. J. Augustin, 1938.

HERSKOVITS, Melville. Pesquisas etnológicas na Bahia. **Afro-Ásia**, Salvador, n. 4-5, 1967.

IBIE, C. Osamaro. **Ifism**: the complete works of Orunmila. v. 1. Lagos (Nigéria): Efehi, 1986.

IMPERIAL, Carlos. **Feitiço de broto**. Intérprete: Rosemary. In: ROSEMARY. Feitiço de broto/O que tem você. Rio de Janeiro: RCA Victor, 1966. 1 disco vinil compacto simples. faixa 1.

LAPASSADE, Georges; LUZ, Marco Aurelio. **O segredo da macumba**. Rio de Janeiro: Paz e Terra, 1972.

LEPINE, Claude. Os estereótipos da personalidade no candomblé nagô. In: MOURA, Carlos Eugênio Marcondes de (Org.). **Olóòrisá**. São Paulo: Ágora, 1981.

LÉVI-STRAUSS, Claude. **Antropologia estrutural**. Rio de Janeiro: Tempo Brasileiro, 1970.

LIGIERO, Zeca. **Malandro divino**. Rio de Janeiro: Nova Era, 2004.

LINK, Luther. **O diabo**: a máscara sem rosto. São Paulo: Companhia das Letras, 1998.

LOBATO, Monteiro. **Urupês**. São Paulo: [Estado de São Paulo], 1918. (publicado pelo autor)

MACEDO, Edir: **Orixás, caboclos e guias**: deuses ou demônios? Rio de Janeiro: Universal, 1996.

MAGGIE, Yvonne. **Medo de feitiço**: relações entre magia e poder no Brasil. Rio de Janeiro: Arquivo Nacional, 1992.

MARINS, Luiz. Èsù óta òrìsà, um estudo de oríkì. In: BARRETTI FILHO, Aulo (Org.). **Dos yorùbá ao candomblé keto**. São Paulo: EDUSP, 2010.

MARTINS, Adilson. **Lendas de Exu**. Rio de Janeiro: Pallas, 2005.

MAUPOIL, Bernard. **La géomancie à l'ancienne Côte dês Esclaves**. Paris: Institut d'Ethnologie, 1988.

MAUSS, Marcel. **Sociologia e antropologia**. São Paulo: EPU/EDUSP, 1974.

McALISTER, Robert. **Mãe de santo**. 4. ed. Rio de Janeiro: Carisma, 1983.

MOURA, Roberto. **Tia Ciata e a Pequena África no Rio de Janeiro**. Rio de Janeiro: FUNARTE/INM/Divisão de Música Popular, 1983.

NEGRÃO, Lísias Nogueira. **Entre a cruz e a encruzilhada**. São Paulo: EDUSP, 1996.

NEGUINHO da Beija-Flor. Malandro é malandro, mané é mané. Intérprete: Bezerra da Silva. In: SIL-

VA, Bezerra da. **Malandro é malandro, mané é mané**. São Paulo: Atração, 2000. 1 CD. faixa 8.

OGUNDIPE, Ayodele. **Esu Elegbara:** the yoruba god of change and uncertainty: a study in yoruba mithology. Bloomington: Indiana University, 1978.

ORO, Ari; ANJOS, José Carlos; CUNHA, Mateus. **A tradição do Bará do Mercado**. Porto Alegre: PMPA, 2007.

PARRINDER, Geoffrey. **West African religion**. London: Epworth, 1949.

PEIXOTO, Antonio da Costa. **Obra nova da língua geral de mina**. Lisboa: Agência Geral das Colônias, 1943-1944. (Manuscrito da Biblioteca Pública de Évora, publicado e apresentado por Luis Silveira.)

PELTON, Robert D. **The trickster in West Africa**: a study of mythic irony and sacred delight. Berkeley: University of California, 1980.

PEMBERTON, John. Eshu-Elegba: the yoruba trickster god. **African Arts**, Los Angeles, v. 9, n. 1, Autumn 1975.

PEREIRA, Geraldo; VIANA, Elpídio. Pisei num despacho. Intérprete: Ciro Monteiro. In: MONTEIRO, Ciro. **Pisei num despacho/Indecisão**. Rio de Janeiro: RCA Victor, 1947. 1 disco vinil 78 rpm. faixa 1.

PINTO, Valdina Oliveira. Nação angola. In: ENCONTRO de Nações de Candomblé, 2, Salvador, 1997. **Anais**... Salvador: CEAO/UFBA/Ianamá, 1997. p. 43-67.

RAMOS, Arthur. **O negro brasileiro**. 2. ed. São Paulo: Nacional, 1940.

REIS, Letícia. **Na batucada da vida**: samba e política no Rio de Janeiro (1889-1930). São Paulo: FFLCH-USP, 1999. (mimeo)

RIBEIRO, Rita; JONGUI. Aaudação/Abertura. Intérprete: Rita Ribeiro. In: RIBEIRO, Rita. **Tecnomacumba**: a tempo e ao vivo. Rio de Janeiro: Biscoito Fino, 2009. 1 CD. faixa 1.

RODRIGUES, Edenal. Só o ôme. Intérprete: Noriel Vilela. In: VILELA, Noriel. **Eis o Ôme**. São Bernardo do Campo: Copacabana, 1968. 1 disco vinil LP. faixa 3.

RODRIGUES, Raimundo Nina. **O animismo fetichista dos negros bahianos**. Rio de Janeiro: Civilização Brasileira, 1935.

ROSA, Noel; VADICO. Feitiço da Vila. Intérprete: João Petra de Barros. In: BARROS, João Petra de. **Feitiço da Vila/Chegou Papai Noel**. Rio de Janeiro: Odeon, 1934. 1 disco vinil 78 rpm. faixa 1.

SÀLÁMÌ, Sikiru (King); RIBEIRO, Ronilda Yakemi. **Exu e a ordem do universo**. São Paulo: Oduduwa, 2011.

SANTANA, Esmeraldo Emetério. Nação angola. In: ENCONTRO de Nações de Candomblé, 1, Salvador, 1984. **Anais**... Salvador: Ianamá/CEAO/UFBA, 1984.

SANTOS, Deoscóredes; SANTOS, Juana Elbein. **Esu Bara**: principle of individual life in the nàgó system. Paris: CNRS, 1971b.

SANTOS, Gilton S. **Pontos cantados e riscados**. São Paulo: Orphanake, 2011.

SANTOS, Juana Elbein dos; SANTOS, Deoscóredes. **Èsù Bara Láróyè**: a comparative study. Ibadan: Institute of African Studies/University of Ibadan, 1971a.

SANTOS, Juana Elbein dos. **Os nagô e a morte**. Rio de Janeiro: Vozes, 1977.

SILVA, Vagner Gonçalves da (Org.). **Intolerância religiosa**: impactos do neopentecostalismo no campo religioso afro-brasileiro. São Paulo: EDUSP, 2007.

SILVA, Vagner Gonçalves da. Brazil's Eshu: at the crossroads of the Black Atlantic. In: CHEMECHE, George (Org.). **Eshu**: the divine trickster. New York: Antique Collectors' Club, 2013.

SILVA, Vagner Gonçalves da. **Candomblé e umbanda**: caminhos da devoção brasileira. São Paulo, Selo Negro, 2005 (1ª. ed. 1994).

SILVA, Vagner Gonçalves da. **Orixás da metrópole**. Petrópolis: Vozes, 1995.

TELES, Francisco. **A farofa**. Intérprete: Baiano [Manuel Pedro dos Santos]. Rio de Janeiro: Odeon, 1915. 1 disco vinil 78 rpm.

TRINDADE, Liana. **Exu**: poder e perigo. São Paulo: Ícone, 1985.

VELOSO, Caetano. Feitiço. Intérpretes: Caetano Veloso e Jorge Mautner. In: VELOSO, Caetano;

MAUTNER, Jorge. **Eu não peço desculpa**. Rio de Janeiro: Universal Music, 2002. 1 CD. faixa 2.

VERGER, Pierre. **Dieux d'Afrique**. Paris: Revue Noire, 1995.

VERGER, Pierre. **Lendas africanas dos orixás**. Salvador: Corrupio, 1985.

VERGER, Pierre Fatumbi. **Notas sobre o culto aos orixás e voduns**: na Bahia de Todos os Santos, no Brasil, e na antiga Costa dos Escravos, na África. São Paulo: EDUSP, 1999.

VERGER, Pierre Fatumbi. **Orixás**: deuses iorubás na África e no Novo Mundo. Salvador: Corrupio, 1981.

VERGER, Pierre. Os orixás da Bahia. In: CARYBÉ. **Iconografia dos deuses africanos no candomblé da Bahia**. Salvador: Bigraf, 1980.

VILA, Martinho da. Casa de Bamba. Intérprete: Martinho da Vila. In: VILA, Martinho da. **Casa de Bamba**. Rio de Janeiro: RCA Victor, 1969. 1 disco vinil LP. faixa 5.

VILA, Martinho da. Festa de umbanda. Intérprete: Martinho da Vila. In: VILA, Martinho da. **Canta, canta, minha gente**. Rio de Janeiro: RCA Victor, 1975. 1 disco vinil LP. faixa 12.

Sobre o autor

Vagner Gonçalves da Silva é professor livre-docente do Departamento de Antropologia da Universidade de São Paulo, onde obteve os títulos de bacharel em Ciências Sociais, mestre e doutor em Antropologia. Realizou pós-doutorado na Harvard University (W.E.B. Du Bois Institute for African and African American Research) e na City University of New York (Graduate Center), onde também foi professor visitante como bolsista do Fulbright Scholar Program.

Desenvolve pesquisas na área das populações afro-brasileiras, enfocando temas como religiosidade (candomblé, umbanda, neopentecostalismo, intolerância religiosa), relações entre religião e cultura brasileira (festas populares, música, capoeira, literatura, cinema etc.), artes afro-brasileiras e representação etnográfica. É coordenador do Centro de Estudos de Religiosidades Contemporâneas e das Culturas Negras (CERNe), grupo de pesquisa da USP certificado pelo CNPq.

É autor de diversos livros e artigos, entre os quais: *Candomblé e umbanda — caminhos da devoção brasileira* (Selo Negro, 1994), *Orixás da metrópole* (Vozes, 1995), *O antropólogo e sua magia* (Edusp, 2000), *Intolerância religiosa — impactos do neopentecostalismo no campo religioso afro-brasileiro* (Edusp, 2007) e "Brazil's Eshu: At the Crossroads of the Black Atlantic" (*Eshu: The Divine Trickster*, Nova York, Antique Collectors' Club, 2013).

Fez parte do comitê de implementação do Museu Afro Brasil, em São Paulo, onde foi curador, em

2008, da exposição *Arte religiosa afro-brasileira — A Divina Inspiração Sagrada e Religiosa.*

Este livro foi impresso em julho de 2025,
na Gráfica Reproset em Curitiba.
O papel de miolo é o offset 75g/m^2
e o de capa é o cartão 250g/m^2.
A fonte usada no miolo é a Gill Sans 10/17.